엄마의 말 연습
화내지 않고 사랑하는 마음을 오롯이
전하는 39가지 존중어 수업

媽媽的
說話練習

百萬按讚肯定！
說對一句話，祝福孩子一生

尹智映 윤지영 著 / 馮燕珠 譯

那些因對話而受傷的孩子們

「媽媽，陪我玩。」

「好啊，你想玩什麼？」

「動物園遊戲。媽媽妳想當什麼動物？」

小學一年級的兒子把整箱動物公仔倒在地上，要我挑選。

「媽媽選老虎。」

兒子把老虎公仔拿給我，然後一一將其他動物擺放在不同位置。蛇在籃子裡，鱷魚在沙發上，大象在書架，趁這個時候我趕緊去把衣服收進來。

「媽媽，快點來玩啊。」

「喔，等一下，我先把衣服摺好。」

「等一下再摺啦，妳不是說要陪我玩嗎？」

「喔，好。」

嘴上說好，但我的手仍繼續摺衣服。

「妳不是要跟我一起玩，為什麼要摺衣服？」

「動物園遊戲我們可以用說的啊，可是摺衣服要用手。媽媽可以兩件事一起做。我是老虎，是這個動物園裡的大王！」

「不是啦，動物園裡的大王是眼鏡蛇啊，不是老虎！」

「啊，對齁。對不起，媽媽忘記了。」

說好要跟孩子一起玩動物園遊戲的我，不僅忘了他曾告訴過我眼鏡蛇才是大王，而且只動一張嘴和孩子玩，手卻繼續摺衣服。手帕、T恤、內衣依序摺好、疊起來，就這樣一件、二件，越疊越高，像一座小塔岌岌可危，於是我對兒子說：「等一下，媽媽先把衣服拿去放好。」

其實家務事可以晚點再做，等孩子上學時再做也沒關係。但實際上是我對跟孩子玩那些公仔已經覺得厭煩了。我覺得孩子說的動物故事沒意思，一點都不關心老虎和眼鏡蛇誰才是大王，所以我才會一邊假裝陪他玩，一邊摺衣服。

等我把衣服、手帕都妥妥當當放好後回到客廳，看到孩子一臉失望的整理玩具，嘟著小嘴瞟了我一眼。我才發現，說去放個衣服馬上就回來這句話，已經切斷了與孩子共同遊戲的時光。

孩子啊，對不起……

雖然身為教養書籍的作者及講師，但在現實中我的育兒生活與一般媽媽沒有太大區別。我會好好坐下來與孩子談話，但有時也會心不在焉的回應孩子；雖然也想好好勸說，但實際上嘮叨的時候比較多；有時也想與孩子一同說

笑，但也有生氣說重話而後悔的時候。我期許自己溫柔的與孩子對話，但很多時候力不從心，尤其是孩子不能專心寫作業時，我就會用冷冷的語氣說：

「不要想東想西。」（但實際上我在陪孩子玩時也不專心啊……）

「既然要寫作業就好好寫。」（但我自己跟孩子玩的時候，也是馬馬虎虎應付了事……）

「不能好好坐著寫功課嗎？連專心個五分鐘都做不到？」（但我跟孩子玩的時候，恐怕也專心不到五分鐘吧……）

　　媽媽和孩子一起玩時會覺得無聊而想別的事、做別的事，同樣的，孩子也會因為厭倦學習而坐立難安或東摸西摸做些無關緊要的事。然而我卻只想到要矯正孩子的散漫態度，卻沒有自覺到身為媽媽的我散漫的說話態度，沒有警覺到媽媽對孩子說話和態度方面存在著問題。

　　父母珍愛孩子、擔心孩子的心情，並非都能以「愛」來表示。相反的，很多時候反而會用語言傷害孩子。我們都不擅長用恰當的話來表達自己的心意，因此父母也需要不斷的反省和改進。

「快點做。」（指示）

「功課寫完了沒？」（確認）

「不准哭。」（禁止）

「東西用完要放回原位。」（命令）

回頭想想自己的說話習慣，充滿了指示、確認、禁止、命令等話語，這才驚覺，在我小時候對我造成傷害的話語，現在成為我掛在嘴邊反覆對孩子說的話，真是糟糕。同時也讓我思考，應該怎麼做，才能不再重蹈覆轍用那些錯誤的話，而能夠好好的將我真正的心意傳達給孩子呢？

這個問題其實沒有正確答案，但一定有一些話術可以溫柔、美好的表現心意。那些像尋寶一樣找出來的話，大多是認同、正面、充滿感情的話，是我想聽但沒聽過的話，是我想對孩子說但沒能說出的話。

那些就是尊重孩子，也讓孩子感覺被尊重的「尊重的語言」。

各位今天對孩子說了什麼話？又是怎麼說的呢？回想一下，是否用冷淡的態度說出否定的話？有沒有帶著命令、指示意味的話呢？

沒有一個媽媽可以完全沒有失誤，完美的與孩子對話。

父母說的話會對孩子造成傷害，往往都是在無意間犯下的失誤，那些失誤大同小異，還會反覆發生。這本書就是要以客觀的角度，帶大家檢視無意間使用錯誤的說話習慣，並找出改善的方法。

同樣的意思，在傳達時會有許多不同的表達方式，隨著用詞的不同，孩子的感受也會不一樣，連帶的反應和行動也不同。透過《媽媽的說話練習》，希望能幫助為人父母回顧自己和孩子的對話狀況，並在下次能用不同的方式對孩子說話。

另外在語言資料庫中列出具有認同、肯定、富有感情的話，不管什麼時候都能拿出來使用。在父母的語言資料庫裡如果能充滿「尊重的語言」，那麼一定可以真摯的傳達心意給孩子，增進與孩子的親密度。

第一步對任何人來說都不容易，但一旦開始嘗試改變，發現錯誤並改善，那麼一定可以在不知不覺中說出尊重的語言。習慣不是與生俱來，而是後天養成的，《媽媽的說話練習》就是為了幫助讀者養成那樣的說話習慣。

祝福每位父母都能流暢的表現出愛孩子的心意，與孩子更幸福、快樂。

理論篇：
讓孩子展開笑容的三種尊重語言 023

第一步，引導情感交流，認同的話語

第二步，讓人敞開心扉，肯定的話語

第三步，真摯的傳達愛，溫情的話語

實戰篇：
改變孩子習慣的五種說話練習　　093

第一步，日常生活練習

第二步，品德教育練習

第三步，學習習慣練習

第五步，想法溝通練習

善意說話的力量

宋怡慧

　　愛因斯坦說過：「如果你沒辦法簡單說明，代表你了解得不夠透澈。」和孩子們說話也需要用對方法，才能達到「說到孩子心坎」的目標。善意說話是送給孩子面對挫折時最大的支持；善意說話是給予孩子歷經傷心時最大的擁抱。《媽媽說話練習》提供務實的做法，說對話能讓我們改變自己和孩子的關係，讓他們因溫暖溝通帶來內在安定的力量。

　　作者提醒我們：善用「認同的語言」來發揮「我懂你」的同理心，正面接住孩子的情緒，讓他先從恐懼、害怕的情緒低谷躍出，你可以如是說：「沒關係，你要不要再試試？」讓人敞開心扉的肯定性話語，多麼激勵人心的鼓舞，讓跌墜失敗深淵的孩子，有了再試一次的勇氣。

　　原來，媽媽說話的口氣、語調、表情，都是影響孩子「要不要聽話」的關鍵。同時，作者貼心的一一列舉對話示範，讓我們傳遞認同與肯定的信念，直達孩子內心深處，讓他們感受到媽媽的語言能量都是善意與溫暖的。同

時，書中也提及：父母要先處理好自己的情緒，以免影響與子女的關係。這個觀念十分重要，一個NG的溝通也會影響日後親密關係的建立。這個若用於課室經營，也是建立師生關係的良好模式。當孩子或學生認為你是理性的情緒管理者，他們就能放心與老師或家人建立彼此傾聽的夥伴關係。

因此，尊重孩子的想法，冷靜說明觀點不同的原因，運用默默傳達愛的溫情話語進行溝通，帶來和諧穩定、相互信任的溝通。我認同作者所說，家人間的溝通常是透過「努力」的產物。父母的仁慈與尊重會讓孩子活在一個樂於表達的溫暖世界，那也是我們大人必然要給出的溝通環境。

期待大家透過這本能讓親子關係、師生互動會更美好的書籍，找到說話的善意力量，並能讓我們溫柔的話語成為孩子人生有光的祝福。

（本文作者為作家、丹鳳高中圖書館主任　宋怡慧）

從對話開始
改變自己、改變孩子

林怡辰

「什麼？妳是說媽媽不會教？」《媽媽的說話練習》這本書作者尹智映和我的教學年資差不多，都是將近二十年，書中，一年級的女兒竟然對她提出這樣的疑問。

「因為我們老師就算我聽不懂也不會生氣，可是媽媽會生氣，所以我覺得妳不會教。」孩子這樣說著。

當我讀到這裡的時候不禁哈哈大笑，的確，在學校教學的時候，不管薩提爾、同理心或是成長性思維的言語都得心應手，但只要回到家中，工作累了一天，加上時間壓力、疲憊和心累，書中說的指責、質問、責難，幾乎每翻一句錯誤言語，我都覺得似曾相識，懷疑作者是不是在我們家安裝了攝影機。「我剛剛有沒有跟你說不要這樣做？」「既然要做就要做好啊！」「你這樣做是對的嗎？」「你要先看清楚啊！」「妳在看哪裡？不要東張西望。」「專心一點！」「這個媽媽剛才不是說過了，妳這已經是第三次囉！」「為什麼每次要妳坐下來學習，妳就

想上廁所？」

　說真的，當媽媽比當老師難度高多了，時間壓力加上情感，當家長真的是一種修行。但我想作者並非用這些言語來指責家長，對話也是有脈絡的，也並非哪一句話不能說，一定要說哪一句話，而是依照「認同」、「肯定」、「溫情」三大原則，在同理、正向聚焦、感情上，讓孩子接受我們的關心，讓彼此可以越往更好的地方前進。

　「被溫柔的視線及話語包圍下成長的孩子，他會知道自己是被愛的，因此在任何地方都能堂堂正正，無所畏懼，也同樣會以溫柔親切的態度待人。」不只溫柔，尊重、同理等等也都需要當孩子被這樣對待後，心裡溫暖了，感動了，才能有這樣的溫度和能量傳達給別人。於是，當家長真的是一種修行，當我們把心態和觀點移轉，將目光放在未來，不只在當前孩子的問題、對外來的擔憂，正面積極，孩子自然也能切身感受到身教的力量，耳濡目染這樣的思考系統和處事態度。

　而在封閉審問的說話方式之上，漸漸進行高層次的對話，更是開啟孩子的思考之門。多元的問題和角度刺激要從父母語言開始，這是培育思考力的最佳途徑！

　最後我很贊同作者說的：雖然沒有正確答案，但一定有

比較好的方式可以表達心意。對話因時因地因人不同，但在「認同」、「肯定」、「溫情」的三大原則基礎之上，我們永遠可以有更好的方式表達我們的愛和期許。

吃燒餅沒有不掉芝麻的，即便我們一氣之下說了無心的話，也可以改正。重新做起正確的對話循環。

當老師的時候，為了學習引導孩子有思考的習慣，我甚至將幾個常用的對話寫在紙上貼在講桌，而當父母，更是需要時時提醒自己，讓自己從想法、觀點到對話逐一改變，塑造行為、習慣、性格，改變我們和孩子的人生。就從這本對話開始吧！

（本文作者為閱讀推廣人、國小教師　林怡辰）

透過對話把門打開，
也把孩子的心門打開

村子裡的凱莉哥

「溫情的說話方式是童話裡才會出現的劇情。」從小我就是這麼覺得！

小時候我是在鄉下跟阿公、阿嬤一起生活長大的，在那年代的鄉下大家只求「過生活」，日出而作、日落而息，對於養孩子就是不讓他們餓著就好，不用說什麼教育或是顧及孩子的心理感受，能吃得飽就是給孩子最好的禮物。

我依然記得阿嬤最常對我說的是「撿角」「哩謀號」，意思是「沒用」，只要我沒按照她的意思去做，輕一點就是罵我，重一點就會拿掃帚出來打我。

提出「人際溝通分析」（Transactional Analysis，簡稱TA）概念的美國精神科醫師柏恩（Eric Berne）曾經說過：「每個人生下來都是公主、王子，卻被父母變成青蛙。心理治療的目的，就是讓青蛙再變回王子、公主。」

不管父母做了什麼，孩子都還是會義無反顧的愛著父母，心裡的委屈在「不要哭、不准哭」壓抑下，久了變成

無法表達自己的感受。長大成人進入社會，還是會把感受和委屈埋得很深，長成了不開心的青蛙。

很多讀者問我怎麼跟青春期的孩子溝通，孩子進入青春期後，一回家就把門關起來，也把心關起來了。

「你功課寫了嗎？」

「爲什麼還在打遊戲？」

「不要一直玩手機。」

如果你的對話開場白是這樣，任誰都會想把心門關上，因爲你忘了先關心孩子的感受。「在玩什麼遊戲？可以教我嗎？」透過對話把門打開，也把孩子的心門打開，自然對話增加、連結增加，感情就會越來越好。

我周圍有很多跟作者一樣緊張兮兮的媽媽，擔心孩子吃櫻桃噎到，所以一直都是去籽櫻桃，葡萄一定去皮去籽才會端到孩子面前。孩子到了小二都還不會把整顆櫻桃放到嘴裡，寧可不吃也不想弄髒手。這樣對孩子真的好嗎？

寵愛與溺愛是不同的，我們可以寵愛孩子，從語言溝通和表達方式讓孩子知道我們的愛與付出，但被溺愛的孩子不但失去了自主權力，更剝奪孩子探索世界的權力。

尋找彼此都能滿足的切入點，不管是在語言溝通或是行爲溝通上，都能讓親子關係或是夫妻關係更加親密，現

在我更懂得「過好，生活」，把話說好就能打開與人的連結，可以把生活過得更輕鬆。

好好說話，讓關係建立在信任之上。

（本文作者為小小PETIT創辦人、

作家　村子裡的凱莉哥）

理論篇：
讓孩子展開笑容的
三種尊重語言

讓孩子展開笑容的
三種尊重語言

　　我是個很容易緊張兮兮的媽媽，記得孩子剛學會騎沒有輔助輪的腳踏車時，我千叮嚀萬囑咐要孩子務必穿戴好頭盔和護具才能騎車，但是孩子嫌麻煩，加上剛學會騎車很興奮，於是沒戴護具就騎車上路了。結果騎到一段下坡路時，因速度過快失去平衡而摔倒。面對不聽媽媽話而受到傷害的孩子，我當然是火冒三丈。

> 「你自己做錯事還敢哭？」（指責）
> 「媽媽有沒有叫你要先穿護具再騎車？」（質問）
> 「媽媽又不會害你，你為什麼不聽媽媽的話？」（責難）

　　這下子孩子更是呼天搶地的放聲大哭。膝蓋摔破皮還流血，孩子自己也嚇了一跳，結果媽媽還凶巴巴的罵人，心

裡更是委屈難過。過了一會兒，我自己也平靜些了，看到孩子的表情才驚覺，我應該先問問他的傷勢，應該告訴他還好沒有摔得太嚴重。事實上我並非真的想責怪因受傷而哭的孩子，我只是一時心急，因為擔心而不自覺提高了音量。如果可以，我真想把說出去的話都收回來。

孩子因為身體受傷疼痛而哭，我為什麼還要用指責的語氣帶給他心靈的傷害呢？那是因為我急切的想糾正孩子，不應該不聽媽媽的話。可是我的做法錯了，我應該先讓孩子理解，而不是先糾正。老實說，當下我只想盡快消除自己內心的不悅，讓孩子符合我的標準。

為了以後不要再犯同樣的錯誤，我思考著若再發生類似狀況，可以對孩子說些什麼？經過長時間的思考，我終於懂了，就是融入認同、肯定、溫情的「尊重的語言」。

① 認同

「自己做錯事還敢哭，不准哭！」

（禁止）

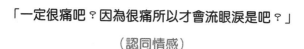

「一定很痛吧？因為很痛所以才會流眼淚是吧？」

（認同情感）

　這並不是要父母接受孩子要賴、糾纏，有問題的行動和錯誤態度理應糾正、改進，但是我們可以試著先認同孩子的情緒、欲望和想法。

　要表達「認同」，首先必須要能分辨，或許無法認同全部，但是我們可以試著先認同一部分。觀察孩子外在的行為和態度，分辨出隱藏在背後的欲望和情感。

　認同的話語，是情感交流和建立關係的核心。情感與想法得到認同，孩子就可以獲得安慰和共鳴，從被認同的經驗中學習如何認同別人，將來才能成長為心理健康的人。

② 肯定

「嫌麻煩不想穿護具，跌倒就會頭破血流。」

（消極負面的威脅）

「剛開始穿護具可能會覺得很麻煩，

不過習慣之後就會覺得很有安全感喔！」

（正面肯定的鼓勵）

　　消極負面的想法和話語會讓孩子畏縮不前，不知不覺變成膽小，凡事習慣看人臉色的孩子。相反的，如果父母**常說正面、肯定的話，可以促進溝通，讓孩子敞開心扉**。

　　不要把注意力放在孩子的缺點和局限性上，可以多多關注他的優點和可能性，並適時給予鼓勵，這樣孩子就能逐漸產生自信，遇到事情會鼓起勇氣嘗試改變和行動。如果說孩子的身體健康來自攝取有營養的食物和充足的睡眠，那麼心理健康就需要父母的信任和支持。不要忘了，性格開朗、處事積極的孩子，在他的成長過程中，必然充滿了肯定、正向的話語。

③ 溫情

「以後要不要聽媽媽的話？騎車還敢不敢不穿護具？」

（冷漠）

「跟媽媽打勾勾，答應媽媽以後騎車一定會穿護具好嗎？」

（溫情）

溫情的說話方式和態度可以帶來很大的影響，即使是同樣的一句話，根據不同的口氣、語調、表情，傳達給孩子的訊息也會不同。若總是以冷冰冰的表情、冷嘲熱諷的語調、犀利的視線與孩子對話，那麼孩子很容易產生「我是被愛的嗎」這種懷疑，心理上更會越來越畏縮。

相反的，**被溫柔的視線及話語包圍下成長的孩子，他會知道自己是被愛的，因此在任何地方都能堂堂正正、無所畏懼，也同樣會以溫柔親切的態度待人。**話語中的冷漠如果滲透到孩子心裡，就會在尊重上製造裂痕。皮膚若長時間暴露在寒冷的空氣中會凍傷，父母總是冷冰冰的態度也會凍傷孩子的心靈。

「良言一句三冬暖，惡語傷人六月寒。」就算是同樣一句話，如果能多帶點人情、溫暖，給人的感受就很不同。我們都要求子女要尊敬父母，父母也應該尊重孩子，這樣才能加深彼此的信任。

本書主要分為理論篇與實戰篇兩大部分，首先在「理論篇」中談到與孩子對話很重要的三要素：認同、肯定、溫情。

「第一步，引導情感交流，充滿溫情的話」中，透過案例了解如何在實際生活中說出認同感覺、欲望、情感和想法的話。

「第二步，讓人敞開心扉，肯定的話」中，要來談談如何以積極肯定的理解、說明、叮嚀，給予孩子安慰與鼓勵，來取代否定的獨斷、威脅、放大負面細節和指責的說話方式。

「第三步，真摯的傳達愛，溫情的話」中，則要來了解一下有什麼方法可以取代命令或指示，用較溫暖、親切的對話方式來建議或要求孩子，讓他們能感受到被尊重，同時也學習有禮貌的說話態度。

為了好好說出尊重的語言，首先我們必須意識到自己現

在的說話方式有什麼問題。「就從我開始改變！以後要說出不一樣的話。」當下定決心的這一刻開始，改變就產生了。好，那麼現在就來回顧以前的說話習慣，展開「尊重的語言」的實踐旅程吧！

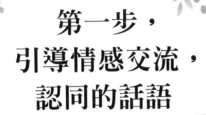

第一步，
引導情感交流，
認同的話語

哪裡會燙？這一點都不燙。（否定）

↓

很燙是吧？我來幫你弄涼一點。（認同感受）

七歲的孩子因為疼痛而哭

孩子：好痛，真的好痛。

爸爸：哪裡會痛？（反感）

　　　一點都不痛。（否定）

　　　不准鬧脾氣。（禁止）

六歲的孩子因為太燙而不肯吃飯

孩子：好燙喔，我不要吃。

媽媽：不准吐出來，這一點都不會燙。（全面否定）

　　　這怎麼會燙，溫溫的啊。（逼迫）

　　　等涼了你又說太冷不要吃。（催促）

　　　為什麼要找麻煩？（過度一般化）

對孩子來說，一點點刺激也會造成敏感的反應。如果洗澡水溫度高一點，就會反應很大的說：「啊，好燙！」如果降溫又覺得太冷而不敢洗。有時會把已經涼了的食物吐出來，喊著好燙好燙。玩的時候被稍微碰一下就哭著說好痛，明明沒有傷口還是說會痛，纏著父母要貼OK繃。面對這種情況，父母會如何應對呢？

大部分父母會否定孩子的感覺。哪裡會燙？怎麼會痛？叫孩子不要裝模作樣、不要挑三撿四，批評孩子的感受，甚至禁止那種感受。但是胡鬧、找麻煩，這些都是以父母的標準來判斷。對同一件事物，每個人感受到的強度都不一樣。孩子說痛就是痛，說燙就是燙，就算是父母也不能否認孩子的感受。想法可以用說服來改變，但是感受不能被說服，也不該試圖說服。

直接承認孩子的感受，就是共鳴的開始。

「會痛嗎？」（共鳴）

「原來你覺得很痛啊。」（認同）

「要不要幫你貼OK繃？」（提出解決方法）

「會燙嗎？」（共鳴）

「是有點燙。」（認同）

「那我再幫你弄涼一點。」（提出解決方法）

　　已經吹涼的飯，孩子卻仍說很燙，這種話聽在爸媽耳裡會覺得有點下不了臺的感覺吧？不過，要將飯的溫度冷卻到完全適合孩子的程度，說實在並不容易。這種時候，「你就去吃冷飯好了！」這種話可能會一下子衝上喉嚨。但是認同孩子的感受，才能找到真正最合適的溫度，所以還是需要爸爸媽媽的耐心和費心。用禁止和命令的說話方式無法教導孩子學會尊重，應該認同孩子的需求。把飯再弄涼一點、幫忙貼上OK繃，透過父母這些辛勞，孩子會學習到尊重。換句話說，**父母的耐心與苦心，是讓孩子學會尊重的學費。**

　　我相信，尊重只能用尊重來教導。這就是為什麼當孩子說食物很燙時，我們不該表示反感和否定，而是願意辛苦的幫他吹涼，讓他感受到共鳴與認同的理由。

這麼晚了不准吃！（禁止）

↓

很想吃是吧？明天早上再吃好不好？（認同需求）

七歲的孩子看到電視廣告上的玩具後吵著要買

孩子：我要買那個玩具。

媽媽：家裡已經有很多玩具，怎麼又要買？買回來你玩一
　　　下又不玩了。不准再買玩具了！（禁止需求）

小一的孩子不寫作業想出去玩

孩子：我想先玩可以嗎？

媽媽：作業還沒寫就要去玩？不行！（禁止需求）

國一的孩子深夜吵著要吃宵夜

孩子：我想吃炸雞，叫外送吧。

媽媽：忍著點。這麼晚吃東西對身體不好。（禁止需求）

孩子：不管～我想吃啦！反正今天是禮拜五啊！

媽媽：這麼晚了還吃容易變胖，而且炸的東西對身體不好。（警告）

　　　最近你不是長痘痘了，不要吃了之後又後悔，還是先忍一忍吧。（忠告）

　　已經有很多玩具的小孩，又吵著要買新玩具；明明作業還沒寫，卻只想出去玩；已經夜深了，卻還是吵著想吃炸雞，以上的例子是不是多少有些熟悉呢？要買這個、買那個、玩這個、吃那個，孩子的要求沒完沒了。孩子們想擁有的東西很多，想吃的東西很多，想做的事情也很多。父母都希望孩子在成長過程中，能夠不虞匱乏，所以孩子想要什麼都盡量答應。但是當孩子提出過分的要求時，不管再怎麼疼愛孩子的父母也很難接受。

　　即使提出合理的理由向孩子說明，他們的心意也不會輕易改變。因為想要、想吃、想玩不是「想法」，而是「欲望」。**想法可以被說服，但欲望不行。**

　　當然，欲望再強烈，父母也不能任憑孩子予取予求，因

為人無法凡事隨心所欲，得教孩子忍耐。如果每次說想要就能得到玩具、炸雞，那麼孩子絕對學不會節制。尤其是對調節衝動有障礙的孩子，就需要父母適度的控制。

這樣的情況下，尊重孩子的父母應該先傾聽孩子的說法，而非無條件要孩子相信父母是對的，順從父母的選擇。先了解孩子為什麼這麼迫切，再說明或說服也不晚。如果孩子的需求能先獲得認同，那麼接下來對父母的建議和忠告也會更容易欣然接受。

「你很喜歡那個玩具啊？」（認同需求）
「可是家裡有跟那個很像的玩具啊，只是你很久沒玩了。我們要不要先找出來玩呢？」（提出替代方案）

「你不想寫作業吧？」（認同需求）
「不是不准你玩，只是希望你寫完作業再玩。等作業都寫完再玩會更開心啊！」（說明）

孩子成長到一定程度後，要說服就沒那麼容易了，稍有不慎就會給人一種干涉或壓迫的感覺，從而引發反抗。這種時候，應該把孩子視為獨立人格，對不同的需求進行協

商。爸爸媽媽和孩子都應該稍微讓步，尋找彼此都能滿足的切入點。

孩子：我想吃炸雞，我們叫炸雞來吃吧！

媽媽：你想吃炸雞啊？（認同需求）

　　　可是這麼晚了吃東西對身體不好。（解釋）

　　　明天白天再吃吧，（提出替代方案）

　　　你覺得怎麼樣？（詢問意見）

孩子：可是我很想吃，沒吃到會一直想睡不著啊！雖然太晚吃東西有害健康，可是睡不好也一樣對身體有害不是嗎？（提出根據）

　　　又不是每天都這樣，一個禮拜一次而已，應該沒關係吧？（提出意見）

媽媽：好吧，一個禮拜一次應該還好，那就快點訂餐吧，別太晚了。

我們應該教導孩子的是「克制」，而非「抑制」。這樣當孩子長大後，才可以根據自己的想法進行判斷。所以比起總是在前面引領孩子，幫助他們培養自覺的能力更重要。不要凡事無條件禁止，對孩子說「不行」、要孩子

「忍耐」，而是應該透過對話認同孩子的欲望，培養他們自我調節能力。父母能有這種態度，孩子就會感受到尊重。

「想吃嗎？你一定很想吃。」
「想出去玩？也是，現在正是想玩的年紀啊！」
「我知道你很想要那個玩具。」

請試著說「認同孩子欲望的話」。雖說父母應該協助孩子培養對人生有幫助的好習慣，但是有時當下先認同和接受孩子所感受到的欲望，也是很重要的。因爲怕爸爸媽媽反對而隱藏自己內心想法的孩子，會覺得家是一個冰冷、枯燥的空間。比起無條件的禁止和命令，當父母以溫情勸誘的方式，代替無條件禁止和命令的對話方式時，孩子就會感受到家庭的溫暖。

父母若能認同孩子的欲望，也會影響孩子與他人建立關係的方式。如果欲望總是被否定和拒絕，久而久之孩子就會害怕被拒絕，乾脆在別人面前也隱藏自己。**如果從小就能從父母那裡得到被接受和認同的經驗，將來孩子面對其他人時，也可以自在、自信的展現自己。**

認同
1 - 3

不准哭！（壓迫）

想哭就哭，沒關係。（認同情感）

六歲小孩玩桌遊輸了，趴在遊戲板上哭

孩子：為什麼每次都是我輸？嗚……

媽媽：本來就有輸有贏啊，這有什麼好哭的？（反感）

　　　你不應該為這種事情而哭。（獨斷）

　　　你有什麼資格哭？（數落）

　　　不准哭！（壓迫）

　　　不要哭了，用說的。（指示）

小孩子若有什麼不舒服，通常都會先以哭來表達，但一哭起來自己也分不清是傷心還是難過、是生氣還是委屈，因為孩子對情感還不太能掌握，所以不知道哭的理由。這

時父母應該幫孩子找出哭的理由，而不是一直追問孩子爲什麼哭，或一昧指責他不應該哭，這樣孩子就無法學習如何適當的表達情感。

孩子才是自己情感的主人，就算是父母也不能禁絕孩子的情感。當然區分行爲是否可行，控制不能做的行爲，這些過程是必要的，但情感不能被禁止。雖然有「問題行爲」，但沒有「問題情感」。父母如果想管好孩子又不希望他對情感產生麻痺，那麼首先就要區分情感和行爲。

也就是說，對行爲不縱容，但是對孩子的情感應該寬容的接納。問題行爲需要嚴格以對。哭沒關係，但是爲了得到想要的東西耍賴或鬧脾氣就是不對的。然而大部分的孩子常是哭著耍賴鬧脾氣，情緒伴隨行爲，會讓人不知道該接納到什麼程度？該從哪裡切入控制？爸爸媽媽也會感到混亂。所以必須先區分、理解孩子的心情，糾正會影響他們或造成傷害的行爲。

「我知道你因爲輸了所以很難過。」（認同情感）
「但是就這樣趴在遊戲板上哭不太好。」（掌握問題行爲）
「在這裡大哭，可能會影響到其他人。在你自己的房間

裡哭，要哭得多大聲都沒關係。」（提出替代方案）

「你在房間裡盡情的哭，什麼時候想出來都可以，爸爸媽媽就在外面。」（等待）

「哭夠了嗎？心情有沒有好一點了？」（關心情緒）

我們對孩子感受到的喜悅、幸福、熱情等正面情感通常很寬容，但對悲傷、憤怒、眼淚卻很吝嗇，因為這樣的感情讓爸爸媽媽感到不舒服，也會產生不安和擔心。擔心孩子萬一在學校也這麼愛哭怎麼辦？如果被同學嘲笑他是愛哭鬼怎麼辦？如果每次哭都哄他，那以後變得更撒嬌怎麼辦？因為這些想法，所以很難對正在哭的孩子說：「哭吧，沒關係。」

傷口若一直蓋著會發炎、化膿，情緒、情感也一樣，所以不要壓抑，自然的發洩、消化。哭也沒關係，傷心也沒關係，千萬不要對情感表達太嚴厲。

「很難過對吧？」（共鳴）

「我知道你很難過，傷心難過時當然會流眼淚。」（解讀情感）

「哭也沒有關係喔。」（認同情感）

「等你覺得哭夠了，我們再聊聊吧。」（提出建議）

　　父母要告訴孩子的第一件事不是吞下眼淚，而是用眼淚消除悲傷。忍住眼淚的方法以後再學也不晚，現在孩子需要的是有足夠的時間去體驗自己的情感。

「我可以了解你的心情。」
「我知道你很難過。」
「就算你這樣生氣也不為過。」
「如果我是你，也會覺得很難過。」
「一定很傷心吧。」
「一定會很委屈吧。」
「當然會有這樣的感覺。」
「我知道你的心情。」

　　以上都是「認同孩子情感的話」，只要理解孩子的心情，關係就會拉近。孩子會對認同自己情感的人敞開心扉，因為感覺有人理解自己。尊重的核心在情感，當情感得到認同時，孩子們就會知道那是尊重。

「父母要告訴孩子的第一件事，

不是吞下眼淚，

而是教孩子如何用眼淚消除悲傷。」

不可以頂嘴！（駁斥）

↓

我知道你很好奇。（認同想法）

小四的孩子常常問問題

孩子：爲什麼不可以？

爸爸：開口閉口都是「爲什麼」？你的口頭禪是「爲什麼」嗎？（草率的一般化）

大人說話小孩子不要多嘴！（駁斥）

怎麼可以頂嘴？沒禮貌！（判斷）

　　孩子是因爲好奇才問的，但大人們有時候聽到「爲什麼」會不高興，聽到孩子直接的口氣、不滿的表情，就會覺得是在頂撞和反抗，所以會當面斥責孩子不要頂嘴。大人不先回答問題，反而是給孩子「不要頂嘴」的斥責。

然而若當孩子對父母的話產生疑問或提出意見時，得到的是斥責，孩子就會漸漸不敢或不想跟爸爸媽媽講話，不願意在父母面前提出自己的意見或想法，即使有疑問，也不敢提出。

爲了不被爸爸媽媽「討厭」而把自己的好奇心拋棄，這是很悲傷的事。孩子不是頂嘴，只是說出自己的想法；不是沒有禮貌，而是還不善表達，如果父母可以理解並認同，會不會更好呢？

「想知道爲什麼啊？我知道你很好奇。」（認同想法）

「有疑問時就提出來，這樣的態度很好。」（認同態度）

家有青春期孩子的父母，多少應該都有過對話到一半就無法進行的經驗。其實我覺得，比起孩子「砰」一聲關上房門拒絕任何形式的溝通，頂嘴反而比較好。如果覺得孩子說話方式不太恰當，可以這樣說：

「提問是很好，不過你的語氣聽起來好像在質疑別人喔。」（糾正語氣）

「要不要換個方式，不要只是說『為什麼』，改用『我
很想知道原因』怎麼樣呢？」（提出替代方案）

被訓斥時也很類似。孩子通常不會馬上就承認自己的錯
誤，而是辯解，因為不想被罵，所以會找藉口。辯解或找
藉口，這可能是從大人的角度出發的草率判斷，孩子其實
只是比較積極的想解釋自己的委屈罷了。

　　所以我建議爸爸媽媽先聽孩子怎麼說，充分聽取孩子的
想法，有錯誤的地方再慢慢糾正也不晚。

「我了解你的想法。」「原來你是這麼想的，不過
呢……」（認同想法）

　　孩子在成長過程中，身邊至少要有一個可以讓他覺得有
安全感的人，可以毫無顧忌想說什麼就說、想問什麼就問
的。唯有如此，孩子才能盡情發揮想像力、創意，像個真
正的「孩子」一樣茁壯成長。

「我知道你很好奇。」
「我知道你的意思了。」

「你會這樣想也是有可能的。」

「我可以理解你的想法。」

「謝謝你把心裡的想法說出來。」

　　以上都是「認同孩子的想法和意思的話」，是父母在下判斷之前，仔細傾聽孩子說話時的反應。

　　說出想法不會直接被否定，而是得到認同的孩子，長大就能正確的、秉持信念表達自己的想法。就算不是對孩子的每個見解都能產生共鳴或同意，但可以做到理解和認同孩子擁有自己的觀點。**幹練的話術等長大一點再慢慢學就可以了，受到父母的鼓勵勇於表達欲望、情感和想法的孩子，就能學會尊重。**

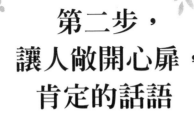

第二步，
讓人敞開心扉，
肯定的話語

為什麼變來變去？（判斷）

你改變想法了？（正面的理解）

七歲的孩子在車裡覺得穿鞋很不舒服，想要換掉

孩子：穿鞋子很不舒服，腳好痛不能走路，我想穿拖鞋。

爸爸：不是你自己說要穿那雙鞋的嗎？都已經出門了，變
　　　來變去是要怎樣？現在沒辦法回家，不要吵了。

　　　（否定的判斷）

國中二年級的孩子早上爬不起來

媽媽：快點起床。

孩子：我好睏，讓我再睡一下就好。

媽媽：每天早上都要我把你挖起來，這麼懶，要是媽媽不
　　　在，你怎麼辦？（否定的判斷）

小一的孩子因為手指割傷而哭泣

> 孩子：我的手指好痛！我不要洗澡了，如果洗澡會一直流血！
>
> 爸爸：才一點點割傷不要裝模作樣，洗澡又不會死。（否定的判斷）

隨著年級升高，孩子早上賴床的頻率也會變高。因為要學的東西越來越多，睡覺的時間越來越晚。

要叫賴床的孩子起床很不容易，面對三不五時改變心意的孩子也很累，為了說服要賴不肯洗澡的孩子也真的很令人失去耐心。身為爸爸媽媽，真的很累啊！

但是善變、懶惰、裝模作樣，這些都是以爸爸媽媽的標準對孩子做出的負面判斷。負面情緒會產生負面想法，最後導致了負面判斷。

任誰都難免有不那麼喜歡孩子的時候，但就算是父母也不能完全改變孩子，我們能改變的，只有我們看待孩子的角度。應該從「這孩子該如何是好」轉變為「如何改變我的視角」，只有父母先擺脫消極負面，以自我為中心的思考方式，才能改變對孩子的說話方式。

「你想把運動鞋換成拖鞋啊？可是我們已經出發了，現在沒辦法回家啦！」（正面的理解）

「雖然很想繼續睡，但你還是起床準備上學了，你好棒。」（正面的理解）

「一點點割傷而已，洗澡不會有問題的，如果還是不放心，那就先貼上防水OK繃吧！」（正面的理解）

同樣的行為，端看父母以什麼角度看待，解釋也會有所不同。父母的話語包含的情緒會傳染給孩子。聽到否定、破壞性的話語會讓孩子退縮，無法完全發揮能力；相反的，聽到積極正面、有建設性話語的孩子，比較容易會有好的表現。

孩子的未來充滿無窮無盡的可能性，現在愛賴床的孩子以後可能會是個勤奮的人；一點小病小痛就藉機要賴的孩子，將來可能會是個朝氣蓬勃的人。現在就給予否定判斷實在操之過急，因為誰也不知道孩子的未來會如何成長，消極的判斷只會讓孩子和父母都很辛苦，所以請不要輕易否定孩子，對他說一句積極理解的話吧！

你這樣以後數學會考零分！（威脅）

⬇

多做練習就會變得比較容易喔。（安慰）

小二的孩子覺得數學很難

孩子：這個好難，我不要寫了。

媽媽：現在就放棄的話，以後你數學都會考零分。（威脅）

小四的孩子故意嘲笑同學

孩子：你的臉長得跟人猿一樣。

媽媽：你這樣嘲笑同學，小心會被排擠。（威脅）

小五的孩子只想玩電動

孩子：我打完這局就好。

爸爸：只想玩電動不念書，小心以後變成笨蛋。（威脅）

小三的孩子愛吃零食

孩子：我還想吃。

爸爸：不要吃了，你再吃下去就會變成豬了。（威脅）

小六的孩子在冬天偏偏喜歡穿薄衣服去上學

孩子：我喜歡這件衣服。

媽媽：穿這件太薄了會著涼，只顧著愛漂亮出去就會凍成
　　　冰棒。（威脅）

　　明明可以告訴孩子每天做練習解題就會進步，卻威脅孩
子說以後數學會考零分；應該教導孩子與同學和睦相處，
卻威脅說會被排擠；只要提醒孩子適度的玩就好，卻偏偏
用「會變成笨蛋」威脅他。

　　上述的例子有個共同點，就是前句都是「孩子」的行
為，後句都是「父母」的擔憂。主詞不一樣。

　　討厭數學的是孩子，但擔心數學考零分的人卻是爸爸媽
媽；嘲笑朋友的是孩子，但擔心被排擠的是爸爸媽媽；不
看書只想玩的是孩子，擔心變成笨蛋的是爸爸媽媽；愛吃
又吃很多的是孩子，擔心變胖的是爸爸媽媽。

孩子並沒有想得那麼多，反而是父母把擔心加諸在孩子身上。雖然看似教導孩子，但實際上父母是因為自己的不安而責備孩子，這同時也是把父母的負面情緒轉移到孩子身上。

孩子現在的行為與父母對未來的不安之間，並沒有明顯的相互關係，也沒有明確的因果關係，是兩碼事。多吃會變胖，但也可能不會；冬天穿得太薄可能會感冒，但凍成冰棒就太誇張了；愛嘲笑別人很難得到別人的好感，但被排擠是極端的憂慮。把消極、破裂的最壞情況，說得好像預期的結果一樣。

不安和擔心的不是孩子，而是父母，處理那些憂慮也是父母自己的事。與其把不安和擔憂加諸在孩子身上，不如好好向他們說明。**不要灌注給孩子負面的未來，提出積極正向的建議才明智。**

「每天都做練習題，久而久之數學也會變得簡單又有趣喔。」（安慰）

「不要對朋友說『你去做～』，可以說『要不要做～』這樣朋友也會用同樣的態度對待你。」（建議）

「我知道你很喜歡玩那個遊戲。」（認同需求）
「不過讓你變聰明的不是電動是學習啊，分一點時間學習可以讓自己變聰明。」（建議）

「好吃吧？想再多吃一點是嗎？」（認同想法）
「不過為了你的健康著想，適量的吃比較好喔。」（安慰）

「這件衣服很好看，很適合你。」（認同想法）
「可是今天天氣比較冷，只穿這件可能不夠暖，再加一件外套吧。」（建議）

　　被排擠、變成笨蛋、變成肥豬這類帶來恐懼的話，或許在當下可以改善孩子的行為，但效果只是一時的，因為只是嚇唬孩子，卻未明確告訴孩子為什麼不能做那件事。更何況嚇唬也只能一、兩次，一直暴露在言語威脅中的孩子最後可能會把父母的話都當成耳邊風，或者反過來，變成對一點芝麻小事都會產生不必要的恐懼。
　　孩子是透過父母學習世界的，根據父母表現出來的言行，孩子可以積極正面的看待世界，也可以是用恐懼和不

安的目光看待世界，這就是需要肯定的話語的理由。

　　父母常用肯定的方式說話，會逐漸累積在孩子的內心，成為孕育堅強人生的土壤。

肯定
2-3

又亂丟襪子了！（追究）

⬇

因為還沒養成習慣所以才會這樣吧。（正面的解釋）

小三的孩子因為沒有看清楚題目而答錯

孩子：喔，這題怎麼會錯？

媽媽：你要看清楚題目啊！要你找出錯誤的地方，結果你
　　　找的是對的，當然會錯啊！看錯題目被扣分是你自
　　　己的錯！（責難）

小四的孩子亂丟衣物

孩子：媽媽，我最喜歡的襪子沒有洗嗎？

媽媽：你又亂丟到哪裡去了？我說過多少次，叫你要丟到
　　　洗衣籃裡，你老是這樣亂丟，爸爸媽媽實在很累。

　　　（追究）

小一的孩子不按照筆畫順序寫字

孩子：字好難寫喔！

爸爸：那是你沒按照順序寫才會這樣，按照筆畫順序寫！
（命令）

小六的孩子亂造句，字也寫得亂七八糟

孩子：作業寫完了。

爸爸：你寫這是什麼字啊？等你上了國中，模擬考都要寫
作文，你這種字是拿不到好分數的，不想拿零分就
給我好好寫字。（悲觀思考）

小五的孩子未遵守約定，時間到了仍繼續玩電動

孩子：我再玩十分鐘就好。

媽媽：你不是說玩半小時就好？現在時間都已經超過了。
你就是這樣所以爸爸媽媽才不讓你玩電動。因為你
都不守信用，讓人不能相信。（誘發羞愧）

七歲的孩子遊戲玩到一半，不順自己意而哭了

孩子：又輸了，嗚……

爸爸：玩遊戲本來就有輸有贏，這有什麼好哭的？你每次
都這個樣子。（過度一般化）

面對孩子的缺點，父母通常會想馬上糾正，但說出的話常與心意相違，普遍都是指責、追究過錯、誘發羞愧感，或是命令。

若想引導孩子發揮潛力，應該停止說這類負面的話，因為負面言論只會阻礙孩子發揮潛能。父母無不真心希望孩子成功，這份心意若想完整傳達給孩子，首先要改變說話方式，比起挑孩子的毛病，不如多說一些肯定孩子潛能的話。

「這是因為你還不理解題目，練習題做得不夠多才會這樣，多做幾次就會進步，來，我們一起仔細看看題目吧！」（正面的解釋）

「因為還不習慣把脫下來的衣服丟到洗衣籃才會這樣，多做幾次就會習慣了。現在就把換下來的衣服丟到洗衣籃吧。」（正面的解釋）

「因為還不習慣按順序寫才會這樣，多寫幾次就習慣了，現在就按照筆畫順序慢慢寫吧。」

「造句很難我知道，不過常常練習就會進步，我們現在就來試試看吧。」（正面的解釋）

「玩電動玩得正過癮，很不想停下來對吧。不過你還是可以做到，用自己的意志力試試看吧。」（正面的解釋）

「大家都想贏，要認輸並不容易。不過本來就不是每次都能贏的啊，沒關係，下次還有機會。」（正面的解釋）

像上述的例句，正面解釋的話語都有個共同點，就是將孩子的不足或缺點視為一個過程，而不是永遠的問題。不把焦點集中在消極的現在，而是教孩子把目光看向積極的未來。

「因為不習慣所以才會這樣。」
「因為沒有常常做才會這樣。」
「這本來就不容易，大人也覺得很難。」
「常常練習的話就會越來越容易。」

「不要只把焦點放在孩子的問題上，要看到未來的可能性，說出正面積極的話。」

如果父母表達出信任，就算經常失誤的孩子也會產生積極學習的心態。即使當下對孩子的行為不滿意，只要換個角度正面看待，孩子也會受到影響。與其把焦點放在孩子不足之處一再強調，不如努力找出孩子的優點和潛能。其實不僅對孩子，父母對自己也應該這麼做。以下是我想對正看著這本書，為人父母的您說的話。

「當爸爸媽媽真的很不容易，是很困難的事，但是只要透過練習和努力，父母也會成長。」
「新的說話方式剛開始會很不習慣，但只要多提醒自己注意對孩子說的話，就能看到變化。好，就從今天開始練習吧！」

你每次都這樣！（擴大）

⬇

下次可以換個方式做。（叮嚀）

小五的孩子東西用完就隨便亂放

媽媽：這到底是第幾次了？（連接次數）

你每次都這樣子！（負面的一般化）

壞習慣一大堆。（擴大到全部）

　為了教導孩子把用過的東西放在原處，你是不是經常這樣說呢？但是仔細想想，每句都只有負面訊息。像這樣連續使用負面的話語，並朝負面的方向擴大，是父母與孩子交談中常犯的錯誤。

混淆對話本質的第一種錯誤：負面的流水帳

「這到底是第幾次了？」（連接次數）

「你有哪一次好好做過？」（連接錯誤）

「你在學校也是這樣嗎？」（連接場所）

「你對同學也是這樣嗎？」（連接他人）

「你這樣長大之後是要怎麼辦？」（連接未來）

以上的提問方式會讓孩子不知道該怎麼回答。問到在學校是否也這樣時，如果孩子回答「對」，媽媽的擔心就會像滾雪球一樣越來越大；如果說：「沒有，在學校沒有這樣。」媽媽又會進一步質疑：「那為什麼在家裡會這樣？在家就不用聽媽媽的話嗎？」孩子怎麼回答都不對。這種提問方式只會讓孩子陷入窘境。

對話需要處理的是當下的狀況。可是我們會很習慣挖出以前的錯誤，與現在的情況連接在一起，再擴大到未來，像翻流水帳般的數落，模糊了對話的本質。

混淆對話本質的第二種錯誤：負面的一般化

「你一天到晚這樣。」（擴大頻率）

「你總是這樣。」（擴大頻率）

「你每次都用這種方式。」（過度一般化）

「我看你已經養成習慣了。」（過度一般化）

「一天到晚」、「總是」、「常常」、「每次」，這些話代表十次中的十次、百次中的百次，沒有例外。當我們在指出孩子的問題行為時，如果使用這種頻率副詞，一時的短暫行為就會被普遍化、全面化。原本只是一時不放回原處的「行動」，不知不覺就成了總是不把東西放回原處的「孩子」。

如果將這些話與孩子的錯誤行為結合，就會成為爭執的根源。雖然失誤過幾次，但聽到「你每次都這樣」難免會產生反抗心理。哪怕只有說一次，孩子也會覺得委屈。

雖然做了錯誤的行為，但那只是孩子各種行為中的一部分，不能擴大到全部。對話的核心盡量不要脫離事實。

「東西用完沒有放回原位，這已經不是第一次了，你知

道吧？」（限定次數）

「雖然不是每次都這樣，不過之前就有過幾次隨便亂放
的情況，你要再多注意一下。」（限定次數）

「你忘了把這個東西放回原位了。」（刻意限定）

「你有時也會粗心大意啊。」（刻意限定）

媽媽真正想說的是什麼？被連續指責的話語掩蓋的真心
話應該是：「希望你以後不要這樣」，但結果卻變成和辯
解著「我沒有」、「我哪有每次都這樣」的孩子爭論。將
與當下無關的場所、時間也拉進來一起攻擊孩子，卻把真
正想說的話拋在腦後。與其責備孩子挑剔自己語病借題發
揮，還不如靜下心來，好好傳達真心。

「下次要記得放回原來的地方喔。」（叮嚀）

或許你會說，講再多次孩子也不會改變。當然，若是身
體已經記住的習慣，的確很難改變。但大人也一樣，需要
充分的時間。就算你不斷挑毛病、不斷指責孩子，改變的
時間也不會提前，反而會對孩子的情緒產生負面影響。已
經過去的事最好盡快抹去，不要翻舊帳。

把過去的錯誤如數家珍般羅列出來或擴大都不是正確的解決方式，與孩子對話也要秉持公平，方法其實很簡單，**如實表達，不誇大事實、不用無關的事混淆主題，只要做到這兩點就可以了。**

**肯定
2-5**

給我擦掉重寫！（指責）

↓

作業都寫完了，真棒！（鼓勵）

小三的孩子經常拖拖拉拉不寫作業

媽媽：快寫作業。（指示）

（盯著孩子寫作業）

你這字是怎麼寫的？你這樣寫老師根本看不懂，擦
掉重寫！（指責）

帶著小一的孩子拜訪隔壁鄰居老奶奶

爸爸：快問好。（指示）

（孩子問好之後）

重來，一點都沒有精神，大聲一點。（指責）

小五的孩子的房間凌亂

媽媽：你自己的房間自己整理。（指示）

（盯著孩子整理房間）

既然要整理就要整理得乾淨一點啊。（指責）

小六的孩子只顧著玩手機

爸爸：不要整天玩手機，去看書。（指示）

（孩子拿書來看）

不要只看圖畫書，要看字多一點的書。（指責）

父母總是希望孩子做得再好一些，問題是這種心情很容易會以指責、訓斥來表現。孩子寫完作業了，卻指責他字寫得不好；孩子鼓起勇氣向不熟悉的人打招呼，卻訓斥他不夠大聲沒精神。指責整理房間的孩子、訓斥看書的孩子，站在孩子的立場上想一想，他們聽了一定很難受，完成了某件事卻得不到稱讚，反而只聽到不好的評價。

這些指責會消耗孩子的信心，覺得自己是不是不夠好？無法達到父母的標準？「媽媽為什麼每天都要罵我？」「爸爸為什麼每天都生氣？」

當然，父母的想法是「既然都做了就要做好」。既然打招呼就要有精神一點，既然寫作業字就要端正一點，既然要整理房間就要收拾乾淨，既然要看書就不要只看圖書書……但很多事不是一蹴可幾的，就像不能期待孩子剛學走路就會踢正步。熟悉和掌握某件事需要時間和練習，期待一開始就做到一百分是爸爸媽媽的急躁。若因為自己的急躁而指責、訓斥，孩子會容易氣餒，失去自信。

當孩子嘗試做某件事時，先試著認同，踏出第一步就已經很了不起了。不要急著評價最後的結果，應該先肯定孩子堅持到最後。做一個以鼓勵代替指責的父母吧。

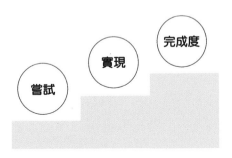

一個肯嘗試的孩子，就有機會完成到底，也有機會可以一遍又一遍嘗試，提高完成度。要走向下一個階段，稱讚是必須的。先稱讚孩子的嘗試，再稱讚他的有始有終。當累積了充分嘗試和完成經驗之後，再談圓滿也不遲。這樣

的學習過程是很自然的，不需要刻意逼孩子一定要做到最好。

「懂得向長輩打招呼，真有禮貌。」（稱讚嘗試）

如果是天性內向害羞的孩子，就算是用螞蟻般微小的聲音說：「您好。」也要給予肯定。等到問候成為習慣之後，自然就可以很有精神的大聲問候了。

「喜歡看書很棒喔。」（稱讚嘗試）

當平時不看書只玩手機的孩子拿起一本書，就算是圖比字多也要稱讚一下。如果孩子先透過圖畫書發現書是有趣的，那就會逐漸感受到文字的樂趣。

「作業都寫完了。真棒！」（稱讚實現）

平常拖拖拉拉的孩子先把作業寫完了，請一定要稱讚他。如果在這種時候只挑剔他字寫得難看，那孩子會越來越沒有自信。練字這種事，之後慢慢練習就可以了。

「還好有你在，讓媽媽整理起來不用那麼辛苦，謝謝你。」（鼓勵）

如果孩子嘗試之前沒做過的事並完成的話，就算不完美也請父母先睜一隻眼閉一隻眼。孩子的成長必須經過一個又一個階段，不可能一下子就上升到完美境界。不成熟也是成長的一部分。放下急躁，抱以輕鬆的心態，當孩子有一點小小成就、完成某個小任務時，給予充滿愛的稱讚和鼓勵。有時雖然慢了一點，但孩子會學習的。

如果孩子遠遠達不到父母的標準，一方面是因為孩子還不熟練，另一方面也可能是因為父母的急躁和不耐煩。父母的作用不是一昧的「修正」孩子，而是應該先「忍受」孩子的不成熟。

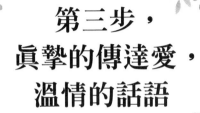

第三步，
眞摯的傳達愛，
溫情的話語

快說「對不起」！（指示）

↓

知道自己錯了的話就告訴媽媽。（建議）

小二的孩子闖了禍卻緊閉著嘴

孩子：……

媽媽：你自己說，你做錯了什麼？（指示承認）

　　　快說「我錯了」！（強迫承認）

　　　快說「對不起」！（指示道歉）

　　　又這樣？快說「下次不敢了」！（強迫承諾）

　　孩子犯錯的時候，爸爸媽媽都希望孩子能自己認錯，並保證不再犯，但是孩子卻一直默不作聲，最後結果是爸爸媽媽逼著孩子承認錯誤。

　　教育孩子時明確指出錯誤，督促他們不再重蹈覆轍的

過程是絕對必要的，對孩子的錯輕率處理並不符合教育原則，但是否一定得用嚴厲的命令和可怕的訓斥來督促孩子呢？這是個值得思考的問題。溫暖的目光和話語也可以教會孩子承認錯誤並反省。

這種時候需要什麼樣的溫情話語呢？

「如果知道自己錯了就來牽媽媽的手。」
「如果覺得抱歉就過來抱抱媽媽。」
「如果知道以後不可以這樣，就過來跟爸爸打勾勾。」

「牽手」、「擁抱」、「打勾勾」都是父母尊重孩子的表現。孩子透過父母說的話，**在得到充分尊重的情況下，比較敢於承認自己的錯誤、道歉、下決心改進。**從孩子的立場來看，那些話當然比指示、命令、強迫更溫暖。

孩子並非不覺得抱歉、不知道錯誤，常常是因為父母冷漠和嚴厲的指示而畏縮，換句話說，是因為「害怕」才會那樣。在殺氣騰騰的氣氛中，大人也會感到恐懼而不敢說話。

並非是要容忍錯誤，我們要做的是教導孩子如何承認錯誤和反省自己。只是「提高孩子心靈高度」這個過程可能

比較吃力，我們可以從「孩子的視角」開始，少責備，多些溫情，直到孩子的內心變得強大。

溫情
3-2

不要惹爸爸生氣！（禁止）
⬇
這種時候先等一下。（要求）

七歲的孩子打斷爸爸媽媽的談話

孩子：爸爸都只跟媽媽講話，都不聽我講話，哼！

爸爸：不要吵了！不要惹爸爸生氣！（禁止誘導憤怒）

國一的孩子整天躺在床上滑手機

孩子：我不想出去，我要在家裡看YouTube。

媽媽：不要再看手機了，不要讓我發脾氣！（禁止誘導不耐）

小四的孩子挑食不想吃菜

孩子：我不要吃這個，炒飯給我吃。

媽媽：快吃！不要讓媽媽那麼累！（禁止誘導疲勞）

小三的孩子挑食不想吃菜

孩子：我不要吃菜，我要吃肉。

媽媽：給你什麼就吃什麼，不要讓我那麼累。（禁止誘導
　　　疲勞）

　　人在狀態不好或壓力大的時候，對一點芝麻小事也很容
易感到厭煩。這種憤怒是從自己轉移到他人身上，通常都
是與自己親近的人、值得信賴的人、弱小的人。最具代表
性的就是家人，即使那個對象是你心愛的孩子也不例外。

　　不過，大人至少還可以弄清楚一個人為什麼會被激怒、
生氣，並且透過溝通調整，以免產生誤會。但孩子不行。
當爸爸媽媽說「不要惹我生氣」時，孩子會想，「爸爸
（媽媽）一定是因為我才生氣」或是「我一定做錯了什麼
事」，對父母產生隱約的罪惡感和責任感，為了不得罪父
母，只能時時刻刻小心翼翼，偷偷看父母的臉色。

　　可以肯定的是，憤怒、煩躁、壓力這些情緒，都必須由
情緒的主人來處理。我們必須認清造成不舒服感覺的是自
己，要自己找到解決問題的鑰匙。爸爸的不高興要爸爸自
己處理，媽媽的不耐煩也要媽媽自己克服。

自己狀態不好時，不要對孩子說些冷嘲熱諷的話，不如冷靜的解釋自己爲什麼生氣。另外，不要情緒化，要清楚告訴孩子你希望他怎麼做。重要的是要讓孩子知道：「爸爸媽媽因爲這樣的狀況而生氣，並不全是因爲我。」

「爸爸和媽媽正在說話，你這樣插嘴爸爸覺得不太好。」（說明）
「希望你尊重爸爸媽媽談話的時間，我們還在講話，你可以先稍等一下。」（要求）

「週末你說不想出去玩，卻只在家滑手機，媽媽看了覺得不太好。」（說明）
「難得爸爸也在家，今天天氣很好，希望我們全家人一起出去外面走走。」（要求）

「不能每一餐都只吃你想吃的東西，而且你這樣一直纏著媽媽不放，媽媽也會覺得很累。」（說明）
「菜都已經做好了，如果你還是一直吵著只吃肉，媽媽也會覺得很累啊。」（說明）
「希望你能好好吃完媽媽爲你做的飯。」（要求）

做父母的如何處理自己情緒，會影響與子女的關係。如果反覆把情緒的矛頭指向孩子，就會破壞親密關係。父母不應該把孩子當成憤怒的導火線、煩躁的刺激點，這樣才是尊重。

即使是家人，彼此之間也不會自動維持和平，家人之間難免會產生矛盾，生氣或心情不好時就直說吧，不要生悶氣或在心裡磨磨蹭蹭。冷靜的說明並協調意見，會帶來和平與穩定。**家庭的和睦不是白白得來的，而是透過努力「溝通」的產物。**

特別是當遇到矛盾衝突的情況時，父母能努力不失去仁慈與尊重，那麼孩子無論去哪裡都能自信的說：「我們家人的關係很好！」這不正是對孩子說尊重語言最好的理由嗎？

溫情
3-3

吃完了就收拾乾淨！（命令）
↓
可以把碗盤拿到水槽嗎？（請託）

與小四的孩子一起吃晚飯

媽媽：把你自己的筷子放在餐桌上。（指示）
　　　吃完了就把盤子放在水槽裡！（命令）
　　　吃飽了就走，不會幫忙收拾嗎？（諷刺）
　　　喝完果汁的杯子怎麼可以放在房間裡，又沒有叫你
　　　洗，只有一個杯子也不會拿出來嗎？（誘導罪惡
　　　感）

　　爸爸媽媽的指示和命令，孩子即使不喜歡也得照辦，如
果不聽爸爸媽媽的話，就會被說是叛逆，會被罵得更慘，
所以孩子別無選擇。

但是，如果反覆的下達指示和命令，不知不覺，孩子就會變成只按照指示去做。一旦父母不講就不會主動做，變成被動的孩子。

相反的，在父母以鼓勵和請託的方式下長大的孩子，會覺得父母給予自己選擇權，他可以自己決定如何回應和行動，對自己的選擇會感到很有趣、很有成就感，同時更有責任感。

「可以幫忙把碗筷放在餐桌上嗎？」（勸誘）

「吃完的碗盤幫我拿到水槽。」（請託）

「可以幫我把杯子收集起來一起拿到水槽嗎？」（請託）

「有誰可以幫忙把醬菜桶蓋起來？」（勸誘）

當孩子接受請託，父母可以給孩子正面的反饋。聽從指示是理所當然，但接受請託也是值得感謝的事。

「碗筷放得很整齊，謝謝你幫媽媽減輕辛苦。」

「謝謝你幫我整理。」

「還好有你幫忙收拾，讓我洗碗很方便。」

「有你幫忙真好，一下子就整理好了。」

　　如果指示和命令是單向控制，那麼請託和勸誘就是雙向溝通。透過這種有發展意義的對話，可以溫暖的接受彼此的心意。

　　當然，孩子不會每一次都欣然接受請託，他們有時候也會覺得煩，也會因為想玩而拒絕父母的請託。

　　「我不要！」
　　「好麻煩！」
　　「媽媽自己做不行嗎？」

　　孩子沒有為家庭幸福貢獻過的經驗，所以不知道拒絕對父母是什麼樣的心情，這時如果因為心寒而回答說「算了」「你不願意就不要做」，孩子就更難體驗為家庭貢獻一分力的成就感。父母要用誘導的方式引導孩子去體驗，隨著逐漸累積貢獻的經驗和成果，下一次孩子就算覺得有一點點煩，也會欣然去做。

　　「擺碗筷很麻煩吧，不喜歡也情有可原。」（認同想

法）

「不過這是幫全家人做的事喔。」（說明）

「媽媽希望你可以體驗一下爲家人做事。」（勸導）

父母單方面的辛苦和犧牲是不可取的，孩子也應該幫助做家務。家務勞動是每一個家庭成員都應該做的事，孩子其實也喜歡能爲家庭盡一分力，而不是什麼都不會做的自己。這同時可以幫孩子建立自尊心和自豪感，學習如何成爲生活的主體並做好自己的本分，不過若只是告訴孩子那是義務、是分內的事，會讓孩子覺得責任就是一種負擔。所以應該從親切的勸導開始，**當孩子嘗到幫助家人帶來的滿足感和讓家人開心帶來的自豪感時，就會成長爲一個能替家人著想的孩子。**當然，這時需要的不是冷冰冰的命令，而是溫情的請託。

孩子遵從指示雖是理所當然，但願意接受請託時也應該表達感謝。積極的反饋來自於「感謝的心。」

溫情
3-4

這樣你會開心嗎？（審問）

⬇

你有什麼感覺呢？（詢問）

小六的孩子在房間裡和朋友線上聊天，

媽媽叫他都沒有回應

媽媽：你不是說餓？不是叫我快點做飯嗎？（追究）

你是無視媽媽嗎？沒聽見我叫你吃飯嗎？（審問）

如果換作是你，這樣你會開心嗎？（責難）

爸爸在講電話，小二的孩子老是打斷

孩子：爸爸，你聽我說啦！

爸爸：爸爸在講電話你插什麼嘴？（追究）

你這樣做是對的嗎？（審問）

「你自己說好還是不好？」

「可以這樣嗎？」

「你這樣做對嗎？還是錯了？」

我們有時會對孩子提出限制且封閉的問題，要孩子二選一，但其實答案已經定下來了，所以與其說是提問，倒不如說是審問。這時孩子一定是看爸爸媽媽的臉色來選擇答案，不能添加自己的意見或想法，只能簡單回答好或不好、對或不對。

如果只問有固定答案的問題，就很難與孩子進行對話，也無法讓孩子成長。因為這樣的問題只是傳達給孩子：「你就是問題所在！」同時證實了父母對孩子不舒服的感覺。**若想要進行更高層次的對話，就必須避免封閉式審問的說話方式。**

不管心情有多糟，也希望父母試著以更溫和的方式調整與孩子的對話。

「如果換作是你，會有什麼感覺呢？」（詢問）

「爸爸正在跟別人講電話，你覺得現在可以怎麼做？」
（詢問）

和孩子對話的目的不僅僅是爲了確認某件事，更重要的是傾聽孩子的意見，拓展孩子的思路，幫助他們整理想法，進而引導成長。請記住這個目的再提問，那麼孩子也會積極努力的去尋找答案。

你現在要我怎麼辦？我也沒有辦法啊！（煩躁）

有些事媽媽可能也解決不了。（說明）

小一的孩子在公園玩耍一直說好熱

孩子：哎呀，好熱。

媽媽：喝水吧，喝完水再玩。（提示解決方法）

孩子：哎呀，太熱了。

媽媽：一直跑當然會熱，你乖乖坐著就不熱了。（指示正
　　　當性）

（稍後）

孩子：好熱好熱。

媽媽：你一直說熱我能怎麼辦？回家回家。（爆發煩躁）

小三的孩子坐車時一直說頭暈

孩子：我頭好暈。我暈車。

爸爸：我把窗戶打開，吹吹風會比較好。（提示解決方
　　　案）

（過了一會兒後）

孩子：啊，還是好暈！

爸爸：還是暈嗎？那睡吧，睡著就好了。（提示替代方
　　　案）

（稍後）

孩子：我睡不著，還是頭暈。

爸爸：你到底要我怎麼樣？又不能掉頭回去，我也沒有辦
　　　法啊。（爆發煩躁）

小二的孩子被蚊子叮咬，一直說好癢

孩子：哎呀，好癢。

媽媽：我幫你擦藥。（提示解決方法）

（抹完藥膏後）

孩子：還是很癢。

媽媽：不要抓，你一直抓就會越抓越癢。（提示解決方
　　　法）

（稍後）

孩子：還是很癢啦。

媽媽：那你要媽媽怎麼辦？我也沒辦法啊！（爆發煩躁）

和大人不同，孩子不擅長處理各種不適，當不舒服的情況出現時，他們會直接抱怨不舒服。剛開始爸爸媽媽懷著疼惜的心情，想盡辦法安撫孩子，減輕孩子的不適，但孩子卻依然只是抱怨，不了解父母的用心。這種時候真的很令人沮喪，因為父母也不知道該怎麼辦。最後，沮喪成了煩躁，開始說出尖銳的話。

「不然你要怎麼辦？」
「我也沒有辦法啊！」

這種時候很明確的是，不舒服是孩子的課題。炎熱、發癢、頭暈等，都是孩子要處理忍受的。

孩子大部分的不舒服都是短暫的，雖然玩的時候很熱，但是玩完之後酷熱很快就會散去；在車裡就算會暈車，但下了車過一會兒就好了；被蚊子叮咬很癢，但同樣也不會持續太久，一旦被其他有趣的事情吸引，就會分散注意力，忘記之前覺得不舒服的事。所以以上的狀況，只要稍微忍耐一下，事情多半就能解決，父母要做的是冷靜的告訴孩子：

「爸爸媽媽愛你，所以也想減輕你的不舒服，幫你解決問題。」（共鳴）

「可是有些事情爸爸媽媽可能也無法幫你，你只能自己先承受。」（說明）

「不舒服的感覺不會持續很久，只有坐車的時候才會這樣。」（分辨）

「被蚊子咬的地方不會一直那麼癢，稍微忍耐一下就好了。」（說明）

孩子們抱怨是因爲他們「還小」，不像大人有豐富的經驗，所以不擅長預測未來和預測結果。父母不要一開始用哄的，最後自己不耐煩反而把情緒倒在孩子身上，不如冷靜以對，如果孩子知道現在的不舒服並不會一直持續下去，那麼他們就會比較容易去應對。聽到父母溫情的話語，可以讓孩子獲得暫時忍受痛苦的勇氣。

雖然沒有正確答案，但一定有比較好的方式可以表達心意。

實戰篇：
改變孩子習慣的
五種說話練習

改變孩子習慣的
五種說話練習

　　這是大女兒一年級時候的事。女兒在沒有接受過任何學前教育和準備的情況下就上小學，雖然我知道她在數理方面不是那麼強，但是想想小學一年級的數學也難不到哪裡去，只要好好上課應該就沒問題。

　　小一上學期還勉強跟得上，但到了下學期，開始出現二位數以上的加減法，就明顯變得很困難了。其他同學早就解題完成，但她卻還在算，而且有好幾次一直到下課都還沒完成。

　　於是我開始在家教孩子，因為我是小學教師，所以覺得自己應該可以把女兒教好。但開始大概二個禮拜之後，有一天，女兒對我說：「我不知道媽媽在學校裡教大姐姐和大哥哥們教得好不好，可是我覺得妳教我好像教得不好。」

「什麼？妳是說媽媽不會教？」

我好歹也是個老師，居然被女兒說我不會教，實在感到啼笑皆非，於是我問女兒：「妳為什麼覺得媽媽不會教？有什麼理由嗎？」

「因為我們老師就算我聽不懂也不會生氣，可是媽媽會生氣，所以我覺得妳不會教。」

聽了孩子的話讓我感到十分驚訝，不會教的理由不是因為我說明得不夠清楚，而是因為我會生氣。

「生氣？我有嗎？什麼時候？」要承認自己生氣很困難。或許我的口氣不是溫柔、輕聲細語的，但並不認為自己有像孩子所說的「生氣」。孩子說我會一直深吸吸，額頭上面就像刻著忍耐二字，感覺很生氣。

我想知道孩子的感受是不是真的，還是只是比較敏感，於是我寫下自己對孩子說出的話。

「妳要先看清楚題目啊。」（指示）

「妳在看哪裡？不要東張西望。」（禁止）

「專心一點！」（命令）

「這個媽媽剛才不是說過了，妳這已經是第三次囉！」（計數）

「為什麼每次要妳坐下來學習，妳就想上廁所？」（草率概括）

都是些消極、冷嘲熱諷的話。雖然沒有提高嗓門，但是一句好話都沒有，只有催促和逼迫，在孩子的眼中，確實會覺得媽媽生氣了。

其實小學一年級的孩子，一整天可以學習多少東西呢？我應該為孩子創造一個讓他可以天天學習並喜歡上學習的環境。但是，我卻創造了一個以教導為藉口，用充滿否定性的話語，營造了讓孩子不想學習的環境。

「原來我還差得遠呢。」

我本來以為自己做得還不錯，但聽了孩子的話之後，才知道不是這樣。

雖然腦海中對前面〈理論篇〉中的三種尊重語言一清二楚，但在現實生活中，當我和孩子在一起時，也不是每次都能馬上說出那些話。其實我心裡都知道，也會反省，但是一轉身就忘了，然後再花更長的時間反省、後悔。

遇到情況時，想不起適當用語是因為沒有經常練習。為了在實際生活中能充分運用尊重的語言，必須進行練習。所以我試著找出在日常生活中經常遇到的狀況，列出父母可以說哪些尊重的語言，並加以練習。

在〈第一步，日常生活練習〉中，介紹了關於上學、吃

飯、爭吵、遊戲、睡覺前等狀況中應該如何對話。

在〈第二步，品德教育練習〉中，希望讓讀者了解關於禮讓、禮儀、和解、疏忽、問題行為等適合的話語。

〈第三步，學習習慣練習〉則是介紹當孩子不想念書、不想上課，只想出去玩時可以使用的實用性話語。

在〈第四步，人際關係練習〉中，可以了解當孩子遇到被朋友無視，因為沒有朋友而孤獨時，我們可以如何開導。

〈第五步，想法溝通練習〉將介紹與孩子溝通想法的過程中，可以使用哪些話語。

看了理論篇的案例，相信會有很多家長開始反省自己：「那些例子裡的話，不都是平常我會說的話嗎？」請不需要太內疚自責，只要從現在開始時常練習和實踐，就能安慰曾受過傷的孩子的心。

比起了解對話的方法，我認為更重要的是要在日常生活中應用和實行，並且養成習慣。不管孩子幾歲，任何時候都不嫌晚，就從今天開始吧！或許新的說話方式讓你覺得不自然，很彆扭，很難說出口，即使脫口而出錯誤的話語，也不要放棄，只要堅持練習，失誤就會越來越少，你

將會變得更熟練。

　接下來，就讓我們透過生活、品德、學習、人際關係等情境來練習這三種尊重的語言。

第一步，
日常生活練習

日常生活
1-1

「快點換衣服！」

不要用催促的方式，趕孩子上學

「快點起床！」（催促）

「快點洗臉刷牙！」（催促）

「快點吃飯！」（催促）

「快點換衣服！」（催促）

「拜託你，動作快一點！」（求情）

「你再拖下去會遲到！」（威脅）

　　每天早上，我都要催促兒子快點準備上學。不知不覺間，從「快點」的催促演變成「我拜託你動作快一點」，到最後終於出現「你再拖下去就會遲到！」這樣語帶威脅的話。

但是另一方面我也很清楚，不管身為媽媽的我如何催促，孩子的動作也不會快到哪裡去。不管我說什麼，兒子都會按照自己的節奏慢慢吃飯、慢慢換衣服，根本就不知道媽媽心急如焚，好不容易終於準備好了出門，幸好沒有遲到。（大部分的同學大概八點四十分左右到校，還好我兒子在九點前到了學校。）

　　把孩子們送到學校後，我仔細想了想，從一早開始我到底說了多少次「快點」？再想想，好整以暇送孩子上學的日子屈指可數。換句話說，我們幾乎每天早上都為了上學而戰鬥。

　　但是我為什麼要那樣催促？
　　非得那樣不可嗎？

　　當我心裡游刃有餘時，才可能好好說話，但是擔心孩子遲到，心情一急躁，說話就不會好聽。著急的不是孩子，永遠都是我，因為我認為把孩子按時送進學校是媽媽的責任，應該讓他們穿得整整齊齊、吃頓營養的早餐，然後到學校上課，所以總是催促孩子快點。與其說是為了孩子，其實是為了安撫媽媽自己的心情。

父母的不安全感導致不自覺的想控制孩子，但是真正急的人是爸爸媽媽，而不是孩子。父母的不安應該由父母自己處理，真正對準備上學的孩子有幫助的不是催促和壓迫，而是正面的話語。

　　什麼是正面的話語？在早上時間確實有限的情況下，家長可以怎麼對孩子說呢？下面就分成幼兒園或小學低年級生、小學高年級生，以及雙職家庭的孩子，三個例子來看看。

幼兒園～小學低年級：以定「界限」取代催促

　　不停的說「快點」會讓孩子也跟著急躁起來，盡量少用，當然如果能完全不用是最好的，因為「快點」這個詞帶來的語感和氛圍通常是負面的。如果一再重複的說，就會變成習慣，變成口頭禪。只要說個幾次，不知不覺你會發現自己已經無時無刻把「快點」掛在嘴邊。

　　與其拚命說「快點」，不如告訴孩子一個限定的時間，用數字明確的讓孩子知道緊迫狀況，讓孩子可以思考安排做事的速度。從小讓孩子在限定時間內完成該做的事，也可以培養他日後規畫時間的習慣。

「快點洗臉！」（催促）

「快點吃飯！」（催促）

「現在是八點十分，你還有二十分鐘準備。」（設定界限）

「二十分鐘內要準備好喔，我定了鬧鐘，你自己再注意一下。」

（告知界限）

「十分鐘內吃完就可以了，還有時間。」（確認界限）

　　對於還不知道該怎麼看時間的孩子，可以告訴他「當長針走到○○前要準備好」這樣的方式，讓他自己確認。設計鬧鐘或倒數計時器也很好，倒數計時器對界限的認知和培養時間的敏感度上很有效果。

「我拜託你動作快一點！」（求情）

「長針走到四之前要準備好。」（提示界限）

「長針到五我們就出發。」（確認界限）

但是，如果是高度焦慮的孩子，我不建議用這種方法，因為這會像定時炸彈一樣給他莫大的壓力。對於容易焦慮和強迫的孩子來說，心理上的安全感比什麼都重要。

誘導競爭意識也是激勵孩子的方法之一。

「你再拖下去就會遲到！」（威脅）

「媽媽也要準備上班，你準備上學，我們看看誰先準備好？」
（提議）
「爸爸只要一分鐘就可以換好衣服，很快吧？
不過我覺得你好像可以更快。」（鼓勵）

幼兒時期的孩子競爭意識強，只是無法忍受失敗。鼓勵競爭，但不要求取勝。父母可以適當的配合或讓孩子贏得比賽。

小學高年級～青少年：約定「次數」，而非不斷重複

很多父母每天早上都在重複嘮叨孩子「起床」，但孩子

好像還是一副老神在在的樣子，那是因為你一直重複同樣的話，反而會被忽略。當孩子覺得你在嘮叨，話就不會輸入腦海。所以如果是已經有一定自制力的小學高年級以上的孩子，最好先透過對話來確認次數。

「都叫你幾次了？每天早上都要人家叫才起床！」

（負面的判斷）

「要媽媽叫你幾次才能起床？」（詢問意見）

如果孩子回答三次，就按照約定的次數叫孩子。認同孩子的想法，最多就三次。

「起床，要準備上學了。」

「起床，這是第二次了，再一次媽媽就不叫你囉！」

「起床，約好叫三次的，這已經是第三次了，我不會再叫你了，你要自己起來。」

按照約定叫了三次之後，接下來不管孩子有沒有起床都不要再去叫他了。不要忍不住急著說：「還不快起來在摸什麼？」「怎麼到現在還在睡？你不去學校嗎？」重點是

不要指責孩子。

　　如果眞的遲到，那也是孩子必須自己承擔的事，因爲媽媽已經按照約定叫了三次。或許對孩子來說，或遲到一次被老師罵，還好過每天早上在媽媽的無限嘮叨中，皺著眉頭準時上學呢！

雙職家庭子女：約定「前一天」做好準備

　　對於雙職家庭或職業婦女來說，早晨就像戰場一樣，因爲要同時準備自己上班和孩子上學。否則家長先上班，家裡就沒有人照顧孩子，所以分秒必爭。這樣每天早上在家先打了一仗，到公司還有一整天的戰要打，說實話眞的很辛苦。

　　這種狀況，最好把自己和孩子稍微分開，設置嚴格的界限，並在前一天做好準備。建議可以把換衣服、吃飯、洗漱等上學準備任務分開，在前一天晚上準備好明天要穿的衣服和決定早餐內容，這樣可以減少第二天早上爭論的時間。

「怎麼到現在還沒換衣服？你要穿睡衣去嗎？快點換衣服。」

（催促）

「你昨天不是已經準備好衣服了嗎？

這樣三分鐘就可以換好了吧。」（設定準備時間限制）

「怎麼還在發呆？快吃飯！」（催促）

「媽媽要上班了，五分鐘之內不吃完我就收起來囉。」

（設定準備時間限制）

　　每天為上學做準備，孩子從媽媽那裡接收到什麼樣的信息？

　　「我一定是動作很慢的人。」

　　「我做事就是快不起來。」

　　「我每天都挨罵。」

「又要被媽媽罵了。」

每天習慣性的叫孩子「快點」，在孩子耳裡聽起來就像訓斥或指責。會刻在孩子的潛意識裡，塑造負面的自我形象。其實父母只是希望孩子能準時上學，不要挨老師罵，但表現出來卻是反效果，讓孩子接收到負面信息，這是很令人難過的事。

和準時上學一樣重要的，是幫助孩子以好心情開始新的一天。如果可以，我會盡量讓自己不要把注意力放在準備上學的孩子身上，不然只要看到一定又想嘮叨叫他快點。所以我有時會故意洗碗、吸地板，做其他事轉移注意力。

現在在我家，沒有大聲催促，平平順順的上學已成家常便飯。不是孩子的動作變快，我兒子依然慢條斯理的，並不著急，這只是因為媽媽自己不再催促而產生的變化。我依然會擔心孩子遲到，老實說也很難不表現出來，但只要開始嘗試，就會一點一點改變，父母只要改變話語，就能開啟和諧的早晨。

想傳達給準備上學的孩子的應該是「愛」，而不是焦慮、不安。為了擺脫不斷重複「快點」的無限輪迴，讓孩子帶著愉悅輕鬆的心情上學，就從今天開始練習吧。

「你為什麼這麼慢？」

對動作較慢的孩子，不要用追究的方式質問

　　我們家老二說話也慢，行動也慢。穿脫鞋、吃飯、穿衣都需要很長的時間，所以從幼兒園開始，只要排隊去哪裡，他都會排在最後面。在家裡洗手、洗臉、穿衣服、吃飯等，也要教很多遍，甚至還得協助他。

　　再仔細想想，養育老二的過程就像是一連串等待的延續。光從穿鞋到走出大門就要花五分鐘，剛開始我會催促他快點甚至恐嚇他，但到後來全都放棄了。可能因為催促讓孩子心急、心亂，動作就更慢了，就像慢動作畫面一樣。雖然養育老二很辛苦，費了很多心力，不過對於動作特別慢的他，要克制自己不生氣，學會等待，我覺得才是最難的。

小學低年級的孩子在進行寫字、塗色、畫畫等操作性任務時，速度差異很大，尤其精細運動發育和注意力的差異會很明顯。精細動作發育較慢的孩子由於握力不足，所以很難正確握住鉛筆，拿剪刀、塗膠水也不容易。

在沉浸於一項任務的專注時間上，每個孩子也都有差異。注意力越容易集中的孩子，就能越快完成任務，容易分心的孩子則會草率的做，甚至到最後無法完成交辦的任務。但是隨著進入高年級，就會逐漸拉近差距，一般到了五、六年級，在速度的差距上會明顯縮小。

其實成長沒有一定的速度，每個孩子都有自己的成長節奏，慢一點沒關係，等長大之後，就會趕上同齡人。比「動作慢」更糟糕的是因動作慢而從外界得到的「負面反饋」。

「快點！」（命令）

「為什麼動作這麼慢？」（追究）

「給你一分鐘，還做不完媽媽就自己先走。」（警告）

「沒看到其他人在等嗎？這樣會給別人造成困擾。」

（誘發罪惡感）

「要媽媽等到什麼時候？媽媽很累了。」（抱怨）

「你在學校裡也是這樣嗎？」（任意推測）

動作慢的孩子，在很多地方都不受歡迎，在團體生活的學校裡更是如此，也就是說，行動緩慢的孩子在家以外的地方，也會經常聽到催促的話。

　　然而，在外面聽到許多催促的孩子，回到家裡如果聽到的也盡是指責、警告、威脅的話，他會有多難受呢？孩子要承受的負面反饋太多了，肯定會失去信心。爲了避免發生這種事情，身爲父母的我們，必須對孩子多說一些溫暖而正面的話。

「慢慢吃。在學校因爲還有其他同學所以要吃很快，但是在家裡你慢慢吃沒關係。」（理解）

「我們在十分鐘內結束吧。」（設定界限）

「還有五分鐘。」「現在剩下三分鐘了。」（告知界限）

「再加油一下。」（鼓勵）

「在時間內完成了。眞棒！」（正面的反饋）

　　即使是動作慢的孩子，只要幫他定好界限，多教導幾次的話，還是可以在時間內達成。孩子只是動作慢而已，並不是不會。孩子可能因此沮喪，也可能得到自信，這都取

決於父母怎麼對孩子說話，

　　我承認我是一個性格急躁的媽媽，我很吝嗇等待。很多時候，比起觀察孩子內心產生「共鳴」，我更注重「解決」我的鬱悶。比起理解孩子，我更注重的是糾正孩子。現在回想起來，真的對孩子很抱歉。

　　慢動作的孩子需要的是理解、等待，以及支持，他們需要不會對他生氣，並能教導他改善方法的人。如果因為動作慢而得不到共鳴和理解，成長過程中只有挨罵的話，這樣的孩子會不會太孤獨了呢？動作慢的孩子能夠依靠的也許只有父母，來自父母的鼓勵和支持才是幫助孩子變得更好的寶貴資源和最大力量。

「快吃！不要掉出來了！」

對於吃飯比較慢的孩子，不要用警告的方式說話

　　撫養孩子真的有很多辛苦的事，但若要問其中最辛苦的是什麼，應該有很多家長擔心孩子挑食或胃口小。我們家也一樣，女兒和兒子都不喜歡吃飯，嘴真的很刁，常常只要吃一點點就說不吃了，不僅是正餐，就連冰淇淋、餅乾等零食也常只吃一點就吃不下，剩下一大堆。吃飯的時候像在數飯粒，放進嘴裡又不嚼，只是咬著。胃口好的人聽說連碗都要啃，我們的孩子到底為什麼會這樣，真讓人鬱悶。

　　「別光咬著，要嚼一嚼再嚥下去。」（指示）
　　「快點嚼啊，快點，吞下去。」（命令）

看到孩子不好好吃飯，指示或命令的話就會忍不住先說出來，再加上嘆息和嚴厲的目光。孩子一頓飯吃半個小時還沒吃完的情況很多，特別是早上時間，孩子很可能一早起來還沒什麼胃口，到最後放棄不吃很常見。

不光吃飯的問題，孩子不小心把水打翻是家常便飯，有時甚至連飯碗和湯碗都會打翻。因為不是故意的，所以也不好責罵，沒有受傷已經是萬幸了，但是對於每次吃飯掉的比吃的還多的孩子，當然也沒有好臉色。就這樣，隔著桌子和孩子吵了一架，真的筋疲力盡了。

「又沒有多少，不要剩下，全都吃掉。」（禁止）

「不要又掉出來了。」（警告）

「又掉了，怎麼這麼不小心。」（指責）

「吃乾淨一點。」（命令）

每頓飯裡，孩子都在被不斷批評，這種時候孩子會怎麼想？能吃到好吃的飯覺得很幸福？吃飽是很幸運的事？恐怕不是，孩子會認為自己不夠好，因為笨手笨腳，沒有好好吃飯。我相信，孩子在吃飯時一定也覺得很痛苦。

當然，教導吃飯的禮儀和態度也很重要，想到一個大孩

子吃東西還會吃得滿嘴或掉得滿桌都是，就讓人頭痛。所以必須教導他們如何進食，但在教授用餐禮儀的同時，也不能忽略要創造一個愉快舒適的用餐環境，畢竟大人也希望在吃飯時能擺脫壓力，輕鬆的享受吧！

「又沒有很多，不要剩下，全都吃完！」（禁止）

「你想吃多少告訴我，太多就少一點，太少就多給一點。」
（詢問意見）

「又掉了，你吃東西怎麼這麼不小心。」（指責）

「因為你以前都習慣剩下不吃完，這次不要剩下，
試試看全部吃完吧。」（正面的理解）

（吃飯中）「快點吃不然等一下又掉了。」（警告）

（吃飯後）「用濕紙巾自己擦一擦。」（勸導）

沒有孩子是故意不好好吃飯，讓食物掉下來的，只是雖然不想那樣，但總是事與願違。這時可以給孩子一個體驗的機會，會比命令或指責好。讓孩子在飯後清理自己掉下來的食物，讓他知道清理很麻煩，那麼下次就會記得盡量不要讓食物掉下來。

隨著年齡的增長，把食物打翻或掉下來的次數自然會減少。在飯桌上笨拙、不熟練只是成長的過程，不需要著急或煩惱。指示多了，孩子也會覺得累，也可能會對不能按照父母指示做的自己產生無能感。希望至少在家人一起吃飯的時候，能減少指示和命令，多一些交談和歡笑。

比起教孩子正確的飲食方法，更重要的是每天和孩子度過愉快的用餐時間。如果為了要求孩子吃乾淨、不要掉出來而錯過和孩子共度的寶貴時間，那會有多可惜啊！愉快的用餐時間是否成了用餐技能的訓練時間呢？值得深思。

日常生活
1－4

「別再吵了！不准再告狀了！」

不要用壓迫的方式對經常起爭執的孩子說話

國小二年級與四年級的兄弟為了零食而爭吵

弟：哥哥，給我一個軟糖。

哥：不要，你自己有，為什麼要吃我的？

弟：哼，哥哥是小氣鬼！

哥：什麼？

弟：媽媽，哥哥是小氣鬼，而且還罵我！

哥：我哪有？是你罵我小氣鬼的，我什麼都沒有說吧？

弟：嗚……媽媽！

　　孩子只要一吵架，累的都是家長。光是聽到吵鬧的聲音就覺得快爆炸了，因為孩子希望父母能站在自己這一邊，

爭相告狀，要求父母理解自己。而父母要向孩子一個一個
說明立場，並讓他們能夠理解接受，更不是件容易的事，
加上排解及教育，真是非常辛苦。

「你們兩個是有仇嗎？」（責難）

「一天到晚吵架，我真的快被你們煩死了。」（抱怨）

「不要再吵了，也不准再告狀了！」（壓制）

「你為什麼要吃哥哥的軟糖？

吃你自己的就好，為什麼要變來變去？」（否定批判）

「你是哥哥不能分弟弟吃一個嗎？你對同學也這麼小氣嗎？」

（否定的推測）

「我以後不要買軟糖給你們了。」（警告）

　　從指責開始，到警告、禁止，媽媽的話乍聽之下像是調
解紛爭，但實際上比較接近強行壓制爭吵。孩子們對彼此
不滿的情緒並未得到解決，沒過多久，果然又聽到孩子們
互相抱怨。

　哥：（小聲抱怨）都是你啦，以後沒有軟糖吃了。

　弟：（小聲反駁）什麼啊？還不都是你不肯給我，所以

媽媽才說以後不買了啊！

那麼，當遇到孩子爭吵時，到底應該怎麼說比較好呢？

第一，認同情緒，糾正行為

認同孩子們的需求和感受，同時糾正錯誤的言行。孩子本能的會以自我為中心，自己的情緒說不清楚，又缺乏對他人的共鳴能力，所以需要透過父母的「話」來映照出彼此的心。

對弟弟

「你也想吃吃看哥哥的軟糖是嗎？想知道是什麼味道對吧？可是哥哥不給你，你一定很難過吧？」（認同需求）

「雖然很難過，但也不能說哥哥是小氣鬼啊。」（糾正行為）

對哥哥

「弟弟說你是小氣鬼，所以很生氣吧。」（認同情緒）

「可是像『我哪有？』這樣的語氣聽起來讓人有點不太舒服，感覺對人不客氣喔。」（控制語氣）

第二，不做否定的批判，而是發掘正面意圖並認同

否定的話語就像為紛爭火上加油一樣，會刺激情緒，加深矛盾。解決爭吵的關鍵在正面的話語。當父母們發現並認同孩子無法表達的正面意圖時，孩子受傷冰冷的心就會被融化，變得平靜。

對哥哥

「如果弟弟一顆軟糖都沒有，你一定會馬上給他。可是因為弟弟自己也有軟糖，所以你才認為可以不用給他，你並不是小氣。」（正面的理解）

對兄弟倆

「看你們的表情其實心裡都覺得對不起是吧？」（正面的解讀）

「那麼就互相說對不起吧。」（勸說和解）

對弟弟

「如果想吃吃看哥哥的軟糖是什麼味道，你可以換個方式，拿一個自己的軟糖跟哥哥交換啊。」（提出解決方法）

能不吵架最好，但要到那種程度需要時間。當兄弟倆結交了不同的朋友，開始有自己的交友圈，開始尊重彼此的生活，會比較容易產生同理心。然而在那之前，父母需要智慧，先把自己的情緒擱一邊，處理孩子們受傷的感覺。唯有父母在中間好好調解，孩子們才能成長為互相尊重，彼此珍惜的手足。

希望家長可以了解，**孩子之間爭吵並不一定是壞事，爭吵也是培養孩子解決衝突的能力和社交技能的機會**。透過認同孩子欲望和感受的話語、正面解讀孩子的意圖，再用溫情的話讓孩子感受到父母的理解並進行調解，那麼日後遇到和其他朋友爭執時，孩子就會知道如何明智的解決。

「你去住公園好了!」

不要對不聽話的孩子說有口無心的話

「你去住公園好了,媽媽要回家了。你自己留在這裡,掰掰!」

(有口無心的話)

(稍後)

「還不趕快回家?」 (雙重束縛)

    儘管看孩子玩得開心也覺得開心,但當他們要賴說還想再玩不肯回家時,家長就很為難了。甚至會開始發脾氣,厭倦不停的叫小孩回家、等待卻沒有結果,最後 出「你乾脆住在公園好了」這種話,自己先轉身。但發現孩子並沒有跟過來,又會氣呼呼的說:「還不趕快過來?」

許多父母都會不經意的對孩子說出這種前後矛盾的話，這種話在心理學上稱為雙重束縛（double bind）。

「不想吃就不要吃了，你餓肚子好了。以後媽媽不要做飯了，
就算你長不高我也不管了。」（有口無心的話）
（稍後）
「再吃五口就好。」（雙重束縛）

「算了，以後都不要去補習班了，功課也不要寫了，
什麼都不要做了。」（有口無心的話）
（稍後）
「只要專心很快就可以寫完，快點來解一題吧。」（雙重束縛）

當家長與孩子溝通不順暢，當孩子不聽父母的話時，經常會出現雙重束縛的狀況。孩子收到前後矛盾的訊息也會很困惑，不知道到底該怎麼做，所以很不安。

如果一氣之下說了有口無心的話，就必須再說一次，表達真正的意思。已經話出的話雖不能收回，但可以改正。只要誠懇向孩子說明爸媽不是故意的，孩子也會理解並放心，只有這樣，孩子才能從困惑中走出，跑過來牽起爸爸

媽媽的手。

「媽媽不是故意的，怎麼會讓你自己留在公園呢？是因為你耍賴說不要回家，媽媽生氣才那樣說。好了，現在我們一起回家吧。」

「媽媽不是真的以後都不做飯了，是因為你不吃飯，媽媽很傷心。我希望你好好吃飯，長高長壯，這才是我真正想說的話。」

「媽媽剛剛是因為生氣才會那樣說，不是故意的，並不是真的不管你了，我只是希望你寫功課不要拖拖拉拉，好好寫完。」

我們都不習慣向孩子表露內心真正的感受，爸媽也需要練習，就先從練習說「不是故意的」開始吧。

「還不快點睡！」

不要用威嚇的方式對不上床睡覺的孩子說話

八歲的老二躺在床上已經很久了還不睡覺，一直說話。玩了一整天，本來以爲他閉上眼睛五分鐘就會睡著，但孩子好像刻意拒絕睡覺一樣，問了很多天馬行空的問題。

「有問題明天再問吧。」

「眼睛閉起來數到十。一、二、三……」

我試著這樣引導孩子入睡，但都沒用，數到五後，孩子又睜大了眼睛，開始嘰嘰喳喳的說話。躺下已經過了半個多小時，這種狀態反覆出現，我漸漸煩躁起來，最後終於忍不住說了尖銳的話。

「媽媽要生氣囉！不要說話了，眼睛閉起來，快點睡！」

結果孩子嚇了一跳。

「媽媽爲什麼要生氣？」

這孩子實在很不會看狀況。

「因爲……」

我試著想解釋，但卻說不出口。我總不能說：「你要先睡著，媽媽才能去睡，因爲你都不睡，媽媽也沒辦法睡，所以才會生氣。」這樣感覺我是一個非常小氣的媽媽。要是說：「等你睡覺了媽媽才能趕快去做堆積如山的家務，才能把買回來還放在袋子裡的食物和生活用品整理好。」好像也不對。

「媽媽不是生氣，是希望你現在能睡著，已經很晚了，該睡覺了，是要你趕快睡的意思。」

「媽媽沒有生氣嗎？那妳爲什麼說妳要生氣了？」

「啊，媽媽以爲我會生氣，可是我沒有生氣啊。媽媽不是那個意思。」

「所以媽媽沒有生氣齁？那我要睡覺了！」

兒子得知媽媽沒有生氣，就放心的馬上睡著了。我當然沒有生氣，我只是希望他趕快睡覺。其實只要好好傳達心

裡的想法就好，卻讓孩子以為我生氣了。

孩子很晚了還不睡覺會讓媽媽很心累，只有等孩子睡了，媽媽才能得到短暫的自由和休息。但是如果因為孩子沒有馬上入睡而生氣，孩子會在一天的尾聲接收到媽媽的威嚇訊息，以媽媽冰冷的眼神和尖銳的命令結束這一天，令人難過。嚴厲的威嚇不該是媽媽對心愛的孩子傳達真心的方式。

越是想快點把孩子哄睡，媽媽的心情就會越急躁。**若想讓孩子舒服自然的入睡，其實不需要催促，可以回顧一下值得感謝的事、幸福的事、美好的事，用正面的對話結束這一天吧。**

「今天有沒有什麼讓你覺得很幸福的事？」
「說說三件今天讓你覺得最開心的事。」
「媽媽先說今天讓我印象深刻的三件事。」

孩子在一天中也有各式各樣的經歷，父母不清楚白天發生什麼事，也無法控制，只有孩子在眼前安穩的睡著，這一天才能圓滿畫上句點。盡早上床睡覺對孩子的生長發育很重要，但安心愉快的入睡也很重要。**沒有什麼比爸爸媽**

媽說的話更能傳達愛與安心了。

第二步，
品德教育練習

「你為什麼這麼自私？」

不要用謾罵的方式對不讓步的孩子說話

我的兩個孩子相差四歲，大女兒長大到一定程度後弟弟才出生，這樣雖然有好處，但同時我心裡對老大也有點愧疚，因為從弟弟出生之後，我就把老大當大孩子。

> 「就給他吧！妳是姐姐啊，弟弟還小。」（指示）
> 「為什麼這麼自私？不能給弟弟一個嗎？」（責罵）

老二現在九歲了，還像個小小孩，而老大從五歲起我就把她當成大孩子，姐弟倆吵架，總是強迫姐姐讓步，有時一生氣起來甚至會罵她是自私的姐姐，想想真是太過分了。

當然，孩子也需要體會對他人的關懷和讓步，這樣將來才能在學校、社會、日常生活中自然付出關懷。但如果只是一昧的強迫讓步，反而會給孩子留下難以磨滅的傷口。

讓步是必須的，但要如何教導孩子呢？

第一點，解釋要讓步的原因

不要無條件要求孩子讓步，而是要教他讓步的好處，還有讓步的意義。

「讓步是幫助和照顧他人，你只要讓一下，就可以讓別人更方便喔。」（說明）

第二點，制定讓步的準則

讓步是一種美德，但在實踐中需要平衡。並非任何情況都一定要讓步，為他人著想是好事，但有時也需要明確表達自己的主張。懂得守護珍貴東西的孩子，也能感受分享的喜悅。在向孩子提出讓步的建議時，要協助他判斷狀況。

「不是每次、每件事都必須讓步。如果是你迫切想要、絕對不能放棄的事情，不讓步也沒關係。」（辨別）

但是，如果你願意幫助別人，覺得改變自己的想法也沒關係的話，那就讓步吧。」（勸導）

第三點，讓步的時候給予積極的反饋

孩子在做出讓步的同時，心裡多少都會有些不情願，大部分不是因為讓步這個行為感到委屈，而是因為大家都覺得他讓步是應該的。父母都認為哥哥就應該讓弟弟，弟弟也理所當然的認為哥哥要讓我，那麼哥哥當然心裡會不痛快。

讓步是為了他人放棄自己的欲望，哪怕是再小的東西，要孩子自己放棄也很困難，父母應該要認同孩子的善良，以及難免委屈的心情。

「能對別人讓步很不簡單。」（認同）

「對你一定很不容易，謝謝你這麼善良讓給別人。」（激勵）

讓步的過程不可能是愉快的，雖然很難，但還是要努力。而孩子透過父母的稱讚，可以體驗到讓步這個行為的正面意義。**父母要理解孩子做出讓步是很不容易的事，給予認同和感謝的反饋，孩子才會在心中記得，雖然要犧牲一點，但讓步並不是壞事，是值得稱讚的好事。**

　　一個只知道自己、以自己為中心的孩子，在任何地方都不會受歡迎。讓步是團體生活的必要美德，但是這種為了他人放棄自己利益的心態，孩子無法自己領悟，如果父母能教導孩子讓步的快樂，並以身作則帶領孩子，相信孩子也一定會成長為能替他人著想、體貼的大人。

品德教育 2-2

「你要主動打招呼啊！」

不要用指責的方式對害羞不敢打招呼的孩子說話

　　只要是育有孩子的父母，都會教導孩子要有禮貌。特別是亞洲國家，因為文化背景的關係，禮貌常是被用來衡量孩子品德的主要標準。因此，有禮貌的孩子無論去哪裡都會受到歡迎，而且會稱讚家長的教育做得很好。

「快點打招呼啊。」（指示）
「看到大人應該要先問候啊。」（強迫）
「在大人前面要恭敬。」（命令）
「沒有禮貌的話，人家會說是爸爸媽媽不會教。」（強迫）

有不少家長對孩子沒禮貌的行為置之不理，因此對用心教導孩子禮貌的父母應該給予高度讚揚。不過問題出在教導的方式，嚴格教導禮儀的善意有時會成為指示或命令傳達給孩子。

未來一生中都該遵守的禮儀，到底應該如何教給孩子呢？

第一，說明具體規範，而非模糊的指示

「端正」、「禮貌」這類詞語對孩子來說比較抽象，所以應該具體告訴孩子，在什麼情況下應該遵守什麼樣的行為規範才比較有效果。

「一句『你好』會讓人聽了心情愉悅，所以見面或分開的時候一定要打招呼。」（說明問候的必要性）

「遇到長輩，打招呼時要行禮。雖然打招呼沒有規定先後順序，不過如果你能先向長輩打招呼，對方一定會很高興。」（說明問候的方法）

第二，不指責害羞的孩子

有些孩子很害羞，即使是在疼愛自己的爺爺奶奶面前，如果很久沒見面了，也會畏畏縮縮躲到後面。很多家長會在這種時候指責孩子應該勇敢的大聲打招呼，不過在問候的態度上，性格的影響多半比家庭教育的影響大，有些孩子很難主動開口打招呼，不是他們不懂禮貌，只是個性內向，比較害羞。

指責內向的孩子打招呼時聲音太小，這是過度控制。強行矯正性格，父母會很辛苦，孩子也會因此更畏縮不前，不敢站在人前，接受問候的人也會覺得很尷尬。所以即使覺得孩子勇氣不足，當下還是先幫孩子緩頰再說。

「不會大聲一點嗎？」（指責）

「很久沒見了所以覺得不好意思嗎？
因為不太熟所以難免有點尷尬。」（理解）

「我沒教你跟長輩問候要大聲、要鞠躬嗎？」（指責）

「如果可以大聲一點會很好喔。不過小聲也沒關係，
只要有打招呼就好。」（鼓勵）

第三，爸爸媽媽以身作則

　　父母是孩子的鏡子，孩子會觀察、學習父母說話和行動。看到爸爸媽媽先打招呼，孩子也會有樣學樣，有時用行動證明比用語言說明更有效。

　　「為什麼不打招呼？看到長輩就應該先打招呼。」

　　批評孩子不打招呼的大人不在少數。但那樣不僅是孩子，連家長也會覺得不好意思，無意中就變成催促、命令孩子。這種時候與其指責，不如這樣說：「第一次見面可能比較害羞。不過沒關係，下次見面記得要打招呼喔。」

　　就算孩子聲音很小、躲在爸爸媽媽身後，但不管用什麼方式打招呼都是好的。如果家長可以先以身作則，不要一昧指責孩子，久而久之孩子也會不需要提醒就勇敢的先打

招呼。避免用嚴厲的指責和命令，只要透過溫和的指引和教導，就能培養出大方有禮的孩子。

「你自己說，這到底是第幾次了？」

避免用指責，對容易弄丟東西的孩子說話

孩子放學回家，打開書包沒有看到聯絡簿，再找了一下裝室內鞋的袋子，天啊，他連室內鞋也忘了帶回來。弄丟鉛筆、橡皮擦是家常便飯，有時甚至會連整個鉛筆盒都弄不見。每件東西都要仔細的寫上名字，囑咐他好好收著，但還是不斷丟三落四的，身為媽媽的我越來越擔心。

跟孩子說沒關係，下次注意一點就好，但次數一多成為常態，媽媽也會很難忍受。

「媽媽有沒有叫你好好保管自己的東西？」（嘮叨）

「你自己說這是第幾次了？」（指責）

「你到底把心放到哪裡去了？」（誘發罪惡感）

「媽媽要這樣幫你收拾到什麼時候？」（抱怨）

「反正你都會弄丟，為什麼還要叫我買？」（當面斥責）

「你都幾年級了，怎麼還會連整個鉛筆盒都弄丟？」

（誘發羞愧）

「只會要我買，自己都不知道要珍惜。」（隨意評判），

「這是最後一次了，如果你再弄丟，我也不再買給你了！」

（恐嚇）

　　與過去相比，現在的孩子確實更豐衣足食，對愛物惜物的觀念沒有那麼強烈，但這並不代表不珍惜自己的東西，沒有一個孩子對弄丟東西這件事不覺得難過的。

　　但是如果反覆弄丟東西，有一些家長會乾脆不再購買替代品。他們希望孩子藉此感受到不方便，得到教訓，才會下定決心不再弄丟。但是就學習用品而言，即使不再買，其實對孩子來說也沒有太大的不便。鉛筆、橡皮擦、彩色筆等，教室裡都會有備用公物，或者可以向同學借用，所以即使父母不買，也不會造成太大的問題。

　　嘮叨、威脅、抱怨、指責，甚至不再買，孩子還是改不了丟三落四的習慣，面對這種狀況該怎麼說呢？

第一，引導孩子養成習慣，自己檢查確認

　　如果孩子不能管好自己的東西，最鬱悶的應該就是家長，所以有些家長會追著孩子，看著他戴上口罩、把襪子放進洗衣籃、拿水壺喝水。但是如果爸爸媽媽一直在孩子身後盯著，久而久之孩子就習慣了，反而更不會自我約束。所以即使會遇到挫折，也要引導孩子自己嘗試，讓孩子把那些東西放在心上，才能改善行為。

「口罩要放在哪裡呢？」（確認）

「放書包的位置在哪裡？」（確認）

「書看完了就放回書架上的空位。」（指引）

「洗衣籃在等著你丟襪子進去喔。」（指引）

　　家長如果因為不想一再耳提面命，乾脆自己動手，那麼孩子永遠都學不會。請告訴孩子，讓他自己動手，並記住不要指責或嘮叨，而是親切的引導。

第二，區分該罵和不該罵的事

弄丟東西的習慣，怎麼罵也改不了。其實除了真正遺失之外，大部分家長都大概知道孩子會把東西放在哪裡，所以經常在罵完之後幫孩子找東西。

但是仔細想想，挨了一頓罵之後，爸爸媽媽就會幫我把東西找出來。這樣還有哪個孩子還想要好好保管自己的東西呢？

孩子真正的錯誤不是「弄丟了」，而是「根本不知道弄丟了什麼，也不努力尋找」，所以我們要明確的教導他們，要有責任感，珍惜自己擁有的東西。

「東西已經弄丟了也沒辦法。」（理解）

「但是，你弄丟了之後，沒有努力去尋找，這是不對的。」（辨別）

「你可以回頭找找有沒有掉在路上，也可以去學校失物招領處問問看。」（糾正）

「我知道你不是故意弄丟的，你也沒有發現東西掉了。」（理解）

「但是不知道東西掉了是個很大的問題喔，自己的東西要自己保管啊。」（分辨）

「下車時要看看有沒有落下東西。」（教導方法）
「如果每次都放在固定的位置上，就不會弄丟了，所以以後要記得物歸原位喔。」（糾正）

　　我的女兒常常不把東西放回原處，所以老是丟東西。小學一年級的時候，她每天帶三支鉛筆上學，回來後總是只剩二支。從文具用品到室內鞋、雨傘、兒童手機、外套……真的丟過很多東西。小學一、二年級時，這種馬馬虎虎的個性一直沒有改善，讓我很著急，但儘管如此，我還是盡量告訴自己不要訴斥，引導孩子找回失物，想辦法保管好自己的東西。結果大概花了多久時間呢？

　　升上六年級，女兒已經可以很有條理的收拾自己的東西，保管得很好，如果不小心弄丟了，也會自己先找找可能丟在什麼地方。我這才了解，當初我以為不可能改變的習慣，只要耐心等待跟引導，將來就會改善。

　　嘮叨和追究、指責，雖然可以告訴孩子做錯了什麼，但不能告訴孩子如何解決。紀律的核心是培養「解決問題的

能力」。紀律和教育可以幫助我們不要糾結於問題，要想出解決辦法後繼續前進。如果希望孩子未來成長為能積極解決問題的人，那麼，從現在起就不要凡事指責或批評，請理解、引導並等待。

「不要給別人惹麻煩！」

避免給孩子模糊的指示

「不要給朋友帶來麻煩。」（模糊的禁止）

「對老師要守禮。」（模糊的指示）

「不要在學校惹麻煩。」（模糊的指責）

　　為人父母都希望孩子不要引起問題或給別人帶來傷害，健康的成長。因此，如果孩子出現問題行為就會立刻糾正。問題是在這過程中，家長太容易說出指責和指示、禁止的話，這些話都是負面的、模糊的，孩子們很難理解。以孩子的立場來看，比起想改善錯誤，更覺得委屈和傷心。

　　接下來就來了解一下，指責、指示、禁止的話會對孩子

產生什麼樣的影響。

第一，被困在負面的框架中

就算是天性樂觀開朗的孩子，如果總是被爸爸媽媽指責，心靈也會逐漸消極退縮。一再被告誡不要給朋友帶來麻煩的孩子會想：「我是個會給朋友帶來麻煩的人啊！」一再被叮嚀要對老師有禮貌的孩子會想：「看來我是個沒有禮貌的孩子。」一再被警告在學校不要惹麻煩的孩子可能會覺得：「我在學校是個只會惹麻煩的孩子。」

看了這些話有什麼感覺呢？爸爸媽媽的話裡是不是已經包含了負面的框架？父母不經意說的話，稍有不慎就會給孩子灌輸負面的自我形象。所以要特別注意，或許家長的用意在糾正問題行為、正確培養孩子的觀念，但卻可能會產生反效果，造成孩子的自尊感低落。

第二，難以制定自己的標準

行為是否會對他人造成傷害或失禮的標準是主觀的，可能會依照人和情況而有所不同。例如，如果問孩子怎樣

叫做有禮貌？每個人的答案都不同，有的孩子很會打招呼問好，有的孩子對大人的指示會大聲回答「是！」也有的孩子會說不頂嘴才是禮貌。由於禮貌的標準本身就模糊不清，對孩子來說很難有個標準，所以只好看大人的臉色行動，以免被責罵。

在我們生活的世界裡，是無法不考慮別人眼光的，但如果太在意別人的眼光，反而會失去自己的判斷，變成做什麼事之前都要想：「這樣會不會被罵？」「別人看到了會怎麼想？」自我審查成為日常。

當他人在你生活中的分量增加時，自己的分量就會減少。為了不給別人帶來麻煩而費盡心思，結果被外界的視線所束縛。如果別人擺出主人的態勢，那麼自己就很難成為自己人生的主人。

大人知道給別人帶來麻煩的行為是什麼，但孩子不知道。孩子只是模模糊糊的意識到自己好像做錯了什麼，但不知道該怎麼辦。這種時候，就要教導符合孩子的行為準則，並詳細說明具體該怎麼做，而不是草率的給一個模糊的禁止令。

關鍵是要明確了解什麼是對的，什麼是錯的。孩子只有在具體而清楚的教導之下才會學習到正確的知識。透過這

個過程，父母也可以獲得思考改正自我言行的機會。

「如果朋友說不願意，就不要勉強，要是還繼續的話，那就不是開玩笑，而是欺負朋友了。」（明確指出不當行為）

「到學校看到老師要先問好。」（具體指引行動）
「即使有疑問，也要先等老師說完了再問，不要打斷別人說話。」（具體指引行動）

「生氣的話就說出來，絕對不可以踢桌子或罵人來出氣。以後不要再這樣了。」（明確指出不當行為）

孩子總是被評價的存在。同學的媽媽、鄰居阿姨、甚至搭捷運時鄰座的路人，都會根據孩子的言行來評價他的性格。孩子的評價者太多了，沒有必要連父母也成為評價者。相反的，請成為一把大傘，支持因評價而疲憊的孩子。

如果挑出錯誤的地方是指責，那麼點出改善方法就是教導。與其一一指出問題行為，父母不如先透過言行向孩子

展現何謂正確的道路，這樣孩子才能充分反省和導正自己的言行。

「快點下來,後面還有人在等!」

不要用命令的方式,對還沒有順序觀念的孩子說話

　　有些孩子去公園就只為了玩盪鞦韆,這種「鞦韆狂」對溜滑梯和蹺蹺板不感興趣,只想盪鞦韆。如果沒有其他小朋友的話,可以獨占鞦韆多久都不累。但很多時候是不允許那樣的,一般公園裡的鞦韆少則二個,多的話有四個,但不管有多少鞦韆都不夠。看到開開心心去玩的孩子,因為想多玩一下盪鞦韆卻因為人多玩不到而哭,媽媽在現場既心痛,又要顧及其他小孩及家長,實在很為難。

　　如果你家也有個「鞦韆狂」,該怎麼安撫他呢?

第一，教導順序的概念

孩子到了一定年齡，在幼兒園或學校裡會學習到團體生活要遵守規則，要禮讓和照顧其他小朋友。但還沒有經歷過團體生活的孩子，只會以自己為中心，當看到其他小朋友盪鞦韆時，就會跟著也想盪鞦韆，但他還不懂要排隊，只會任性的上前抓著鞦韆要其他小朋友離開，甚至放聲大哭。這種時候可以這樣說：

「我知道你很想坐，可是現在還不行，要遵守順序。
別的小朋友先來，等他玩過下來了，你就可以上去玩
了。」（說明順序）

不管孩子鬧得多厲害，父母都必須堅持教導他規矩。讓孩子知道什麼情況下自己的行為會傷害別人，這是父母有責任告訴孩子的。

孩子年紀還小，很自然會以自我為中心，想做什麼就做什麼。因為這樣的孩子，讓原本應該快樂玩耍的公園成了戰場。其實規則很簡單，一切按照順序，先到就先玩。但是孩子還不懂這些，所以家長必須介入，只要教導順序的

概念，就不需追究誰沒有禮讓，也不用強迫禮讓，不只是一個人，所有人都能開心的玩，這個關鍵就是「順序」。

第二，詢問意見，透過對話進行協調

> **「快點下來，後面還有朋友在等啊。」**（命令）
> **「不准玩了，現在就下來。」**（命令）

有一種狀況是孩子還想玩，但是家長卻強迫孩子禮讓。這也許是因為父母自己的道德感及體貼別人的心，但這種高標準的道德感只能在大人的世界裡追求，強行灌輸給孩子可能會成為道德暴力。與其強制要孩子下來，不如先詢問孩子的心意，等待適當的時機，如果真的不行再把孩子帶到一旁好好說明教導，不過最好還是先詢問孩子的意願，再透過對話協調。

> 「後面還有小朋友想玩，差不多可以下來囉，你想想看還想再坐幾次？」（認同想法）
> 「一百次太多了。」（設定界限）
> 「那再盪二十次就下來。」（協調）

「還想玩的話就再去排隊，等一下就輪到你了。」（說明替代方案）

在家裡跑跳會影響鄰居安寧，在路上跑跳又很危險。在都市叢林中，孩子們可以放心玩耍的空間就只有公園遊樂場了，不能讓那個地方成為哭鬧、爭吵、傷心的空間吧？

一步一步教導孩子順序，用詢問和協調意見的對話方式，告訴孩子遵守規則的目的，只要遵守順序和規則，就可以打造一個所有孩子都能盡情玩耍的安全祥和的空間。

品德教育 2-6

「快點道歉，快和好！」

不要用命令的口氣逼迫孩子道歉

　　不同的人在一起生活，難免會起爭執，孩子們也一樣。一個一個分開來都像心地善良的天使，但在一起玩就會經常吵架。不管父母多麼用心教養，與孩子互動多麼積極，還是很難阻止同儕之間的衝突。特別是孩子一多，吵架是在所難免的。

　　然而孩子們會吵架，卻不知道如何解決，這種時候爸爸媽媽只好出面了。

小一和小六的兄弟倆因玩手機而爭吵

哥哥：爸爸，弟弟拿我的手機，隨便亂按還玩電動。

爸爸：快跟哥哥說對不起。你自己想，如果哥哥偷偷拿你的手機玩，你有什麼感覺？（指示道歉）

還不快道歉（催促道歉）

弟弟：對不起……

爸爸：弟弟跟你對不起了，你也要快點跟弟弟說沒關係啊！（指示和好）

弟弟已經道歉了，你也不要計較，趕快跟他和好吧。（逼迫和好）

　　小孩子不擅長判斷是非，不懂自己是哪裡讓對方不高興，也不知道為什麼要道歉，他們需要父母的幫助，才能意識到自己的行為哪裡冒犯了他人，如何傷害了他人。父母應該教孩子看到他們自己看不到的部分。雖然要求孩子道歉會讓他們不高興，但當錯誤明確時就應該教導他們道歉的方法。

　　孩子也要學會如何控制自己的情緒，認錯和道歉都需要練習，如果連對不起都不說，在必要的時候更會因尷尬而無法開口。小時候不練習，長大就更難學了。看看我們周

圍有多少大人只知道自己的傷痛，卻不知道別人的傷痛？從小在父母教導下學習和練習，將來長大成人才能成為勇於承認錯誤、勇於表達歉意的人。

然而大部分孩子的爭吵中，並沒有明確劃分加害者和受害者。一個巴掌拍不響，或許可以判斷過失的輕重或是誰起的頭，但通常雙方面都有過失。

這種時候，先說對不起與接受道歉是美德，但在此之前，需要充分理解彼此的立場。因為真正的道歉和和解是發自內心的，而不是在命令和逼迫之下實現的。

首先，父母應該聽取孩子彼此的立場，給孩子們整理心情的時間。先不要急著強迫孩子道歉，讓他們冷靜一下，當自己心裡也承認抱歉的心情時，才能真正和解。

「想不想跟哥哥和好？」（確認和好的意識）

「如果弟弟跟你道歉，你可以接受嗎？」（確認和好的意識）

「你沒有問過哥哥就自己拿他的手機，這樣不對喔。如果你覺得抱歉，就跟哥哥說對不起。」（勸誘道歉）

「哥哥一定很生氣吧，如果你不肯接受弟弟道歉，我也不會強迫你們現在就和好，不過那樣的話，媽媽也會很

難過喔。」（說明立場）

「我想你還需要時間，可能現在還不想接受弟弟的道歉
吧。」（等待）

「吃點東西先消消氣再說。媽媽拿冰淇淋給你。」（指
示代替方案）

「和好並不容易，現在對你來說一定很難，不過還是可
以試試看。」（正面理解）

當然，道歉和和解的時機也很重要，與其拖延，不如
馬上去做。但如果當事人不願意，還是應該耐心等待。父
母可以建議，但是不應該逼迫催促，例如「現在立刻道
歉！」家長可以回想一下是否是因為我們自己覺得心煩而
強迫孩子道歉、和好，那樣並不是仲裁。

只要下達命令，孩子們肯定會和解的，這樣父母的心裡
也會輕鬆許多吧。但是對爸爸媽媽方便的方式，對孩子們
是否也方便呢？這個問題值得深思。因為孩子們也能區分
是強迫道歉還是發自內心的道歉，而且以道歉形式學習的
孩子，在學校也會認為凡事只要道歉就可以免除責任和錯
誤，這樣孩子永遠學不會應該如何替他人著想。

說明和說服確實比命令更麻煩，但如果父母本身可以不

要那麼急躁，時間是可以解決問題的。即使不命令強迫孩子道歉、和好，等一段時間過後，孩子的情緒得到控制，他們自己也會道歉、和好。**即使有點麻煩，也請父母透過充分的對話來幫助達成和解，真誠的道歉與和解經驗將滋養孩子的生活。**

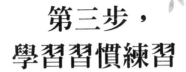

第三步，
學習習慣練習

「你是為了媽媽念書的嗎？」

不要對作業多的孩子說這種讓他有罪惡感的話

小二的孩子因為不想寫作業而拖拖拉拉

孩子：作業好煩，我不想寫。

媽媽：你是為了媽媽寫作業嗎？不喜歡就不要寫！（誘發罪惡感）

跟其他人比起來，你寫得最慢。（負面比較）

孩子：作業太多了，什麼時候才寫得完？我一整天都在上課，都沒時間玩！

媽媽：不要吵了，媽媽不想聽。（禁止）

一天只要寫一張就好，哪會多？（負面判斷）

不想寫就全部都不要寫，補習班不用去了，作業都不用寫了，隨便你吧。（極端化）

孩子：……

一張算術、一張作文、一張國字練習，孩子還沒開始寫就先抱怨。量其實不多，只要願意開始動筆，五分鐘內就能結束，但他卻連試也不試一下，抱怨了十多分鐘，實在讓媽媽心煩。養成良好學習習慣的目的被拋在腦後，只能不斷展開與孩子的鬥爭。

孩子的作業大戰是每個家庭都會經歷的過程，等孩子再長大一點，就會接受這是無論如何都必須做的事，就不會那麼反抗，而且會加快速度完成，好去做自己想做的事。因此，作業大戰可以視為孩子成長的一種必經過程。

但是，大部分爸爸媽媽都很難忍受這個時期，會對孩子說出比較、禁止和帶有罪惡感的話。與拒絕寫作業的孩子展開接二連三的鬥爭。而這些比較、禁止、帶有罪惡感的否定性話言會引起孩子的排斥，等於火上加油。

對於抱怨作業太多太難不寫的孩子，需要父母站在不偏不倚、中立平衡的立場，給予同理心，勸說、協商和解釋。

「學習會讓你越來越聰明，不是為了讓你痛苦才學習的啊。」（分辨）

「上課很累了還要寫作業真的很辛苦，這麼辛苦的事怎

麼能天天做呢？」（共鳴）

「不過只要五分鐘就可以寫完了，試一下吧。」（安慰）

「我相信你可以做到！」（鼓勵）

「如果覺得很難就說，媽媽會幫你。」（鼓勵）

如果孩子在學校表現好，父母會感到無比欣慰。但是，**每天讓孩子學習知識很重要，每天說一句尊重的話也很重要**。不要因為孩子不想寫作業就一昧責備，應該說的是認同困難的話、積極鼓勵的話、親切關心的話。隨著年齡增長，孩子會發現學習不知不覺從枯燥變有趣了。

「只有你累嗎？」

不要對念書很累的孩子，說這種有比較意味的話

「妳在家都做了什麼？連毛巾都不洗嗎？」

「我像是洗毛巾工人嗎？那你又做了什麼？」

丈夫質問我在家裡都在做什麼，我聽了很難過，於是也冷言冷語的回應他。為了家人辛苦工作的丈夫，和在家中做家務、養育孩子、哄孩子睡覺的媽媽，兩者的辛苦是無法放在一起衡量的，然而卻用刺耳的話互相傷害著。

孩子也是這樣的。負面的批評、比較、評價，湧向哭著說數學練習題好難、作文好難的孩子，刺耳又傷人。

讓孩子氣餒的負面評價

「才寫完一張就喊累，到底有什麼好累的？」（小看意義）

「才寫了五分鐘，怎麼就喊累呢？」（責難）

「我看你是不會寫才要賴說很難。」（扭曲）

「這又沒什麼大不了的，抱怨什麼啊？」（駁斥）

　　向遇到困難的孩子追問理由，以孩子有限的詞彙能力一定很難解釋。加上父母不把孩子的痛苦當一回事，甚至還認為孩子只是不想寫、不會寫，所以藉題發揮，抱怨要賴。

　　孩子被視為只會抱怨的孩子，在父母認為沒什麼難、沒什麼大不了的事面前，感到氣餒。

讓孩子隱藏情感的指責

「整天玩都不會累，一念書就累！」（挖苦）

「我有叫你煮飯、打掃、洗衣服嗎？你有什麼好累的？」

（斥責）

孩子渴望安慰卻反而受到指責，等於是在傷口上撒鹽。孩子會認為，自己把感覺說出來卻被責備，那麼以後不管發生什麼事都不要說出來好了，免得又被罵，就這樣在父母面前也隱藏自己的情感，真是令人難過。

讓孩子心靈受傷的比較

「非洲有多少孩子比你更辛苦，你不要人在福中不知福。」

（向下比較）

「不是只有你一個人辛苦，爸爸賺錢很辛苦，

媽媽照顧你也很辛苦。」 （負面比較）

痛苦不該拿來比較，每個人都有自己痛苦、辛苦的時候，這是無法比擬的，即使知道別人的辛苦，也不會減少自己的辛苦。

向下比較是假借安慰之名，看似教導，但實際上是責罵。但辛苦、疲憊是值得挨罵的事嗎？父母不應該用自己的辛苦來壓制孩子的辛苦，「不是只有你辛苦」這句話，即使是成年人聽了也會受到傷害，更何況是孩子呢？在他們還未長大的心靈會留下多大的傷痕啊！

聽到孩子們說覺得辛苦、覺得累，大人通常難以理解，才會 出批評和比較的話語。父母不應該把自己的標準加諸在孩子身上，如果站在孩子的立場來看，或許就可以理解對他們來說並不是容易的事。即使真的很難產生「如果我是你也會覺得很累」的共鳴，但應該可以認同「站在你的立場來看可能會很累」，至少可以做到不要說「你有什麼辛苦的」這種否定一切的話。當孩子向你吐露心聲時，不要用判斷、指責、比較讓孩子啞口無言，先說句充滿溫情的話吧。

　　「很辛苦吧。」（認同）

　　「你一定很累了。」（認同）

　　「看起來有點難。」（認同）

　　「這麼多的確會覺得累。」（理解）

　　「辛苦你了。」（理解）

　　「很累吧？現在只剩最後一章了，要有始有終好好做到最後。累的話要不要先休息一下？」（聽取意見）

　　「真是辛苦你了，先吃個點心休息一下再做吧。」（指示替代方案）

最好聽聽孩子的說法，了解孩子為什麼覺得學習很累。透過對話找出客觀的理由，幫助他自行尋找答案。如果是學習量太大可以協調，如果作業練習題難度太高，可以幫忙解答。重要的是父母必須傾聽孩子覺得累的具體理由。

「你覺得哪個部分最累？是分量太多？還是太難？」
（分辨原因）

「是全部都沒辦法，還是可以試一下？」（明確化）

「你覺得自己可以寫多少？試著說出你可以自己完成的，其他我們再一起來看看。」（協商）

父母擔心如果認同了孩子的辛苦困難，孩子會變得懦弱、擔心會寵壞孩子、擔心孩子會成為輕易放棄的人。這時不妨回想一下自己辛苦的時候，如果有人可以認同、有人知道我的辛苦，會有什麼感覺呢？如果丈夫回家不是抱怨我沒洗毛巾，而是說些慰勞的話會怎麼樣呢？

「因為洗完澡出來才發現沒有毛巾了，所以有點不知所措。妳辛苦一天也很累了吧？謝謝妳，以後我會盡量幫忙的。」

辛苦得到認同，人並不會因此就變得懦弱、懶惰。**如果覺得學習很難、很累的孩子，也能得到認同和安慰，反而會萌生今後要更加努力的欲望和決心，產生學習的自發性動機。**父母的尊重是孩子具備自主學習能力的基礎。

「為什麼不遵守約定？」

不要對想玩的孩子說這種責難的話

「快寫作業。」（指示）

「回到家先寫作業。」（指示作業＋指示順序）

　　「先寫作業」這句話包含兩個指令，作業和順序，一個句子同時指示了兩件事。當然，回家後最好先完成作業，但還是可以設定順序，區分什麼是必須做的，什麼是可以選擇的事。

　　「作業是必須要做的，不是想做的時候才做，不想做的時候就可以不做。」（分別）

　　「最好先把作業寫完，雖然這不太容易，但經常這麼做

就會習慣。」（指示優先順序）

「吃完點心寫作業，不然就先寫作業再吃點心，你想要怎麼做？」（作業指示＋順序選擇）

「如果覺得累，要不要先休息再做？」（指示替代方案）

「寫完作業就可去公園玩，打勾勾。」（指示替代方案）

必須要做的事情不能妥協，但如果是可以選擇的事，最好給孩子機會。不過，就算跟孩子約定好做完作業就可以玩，孩子也可能會這樣說：

「可以不要寫作業嗎？」

「可以先去玩嗎？」

明明知道約定，卻還是再問一次，因為孩子根本不想寫作業，只想玩。這時候媽媽真是又鬱悶又為難。

「剛才不是說好吃完點心、寫完作業再去公園玩嗎？

你是故意問的嗎？」（皺眉嫌棄）

「為什麼不遵守約定？」（責怪）

面對孩子的負面提問，媽媽也以負面語言回覆的消耗性對話，只會引發接二連三的爭論，首先要改變的是孩子的負面問題。可以建議孩子：

不要問不能做的事，最好問可以做的事。「如果作業寫完是不是就能去遊樂場了？」如果你這樣積極的問，媽媽也會給你一個開心的回答。

為了進行積極的對話，對話的起點必須是積極的。爸爸媽媽努力說話得體，孩子一定也能做到。

想減少孩子在經歷中遭遇的錯誤，相對的就得增加來自父母的指示。請記住，**孩子並非透過指示，而是透過經驗和錯誤來學習**。我們小時候也有很多不足之處，但也是經過反覆經驗和失敗學習而成長的。也一定有過不想寫作業，違背與父母的約定的時候，但我們經過充分的時間後還是成長為現在的樣子，相信我們的孩子也會這樣的。

「就算不喜歡也要忍耐六個月」

不要對不想去補習班的孩子說這種強迫的話

　　送孩子去補習班有各種理由，有些家長是覺得如果不讓孩子去學點什麼會不安心；有的不想讓孩子只待在家裡玩；也有的是家裡沒人照顧，乾脆送去補習班，等下班再去接。如果孩子也喜歡上補習班最好，但也有不想去的時候，甚至想乾脆把補習班停了，永遠都不要去。

小三的孩子吵著不想去補習班

孩子：可不可以不要去補習班？我不想去。

媽媽：就算不喜歡，也先去上六個月的課吧。（強求）

　　　一天到晚說不想去補習班，這是你的口頭禪嗎？

　　　（過度一般化）

只想玩，根本就不想讀書吧？（諷刺）

就算不喜歡也要去，爸爸也不是因為喜歡才去上班，媽媽也不想做飯、不想打掃，可是大家都忍著啊。（理所當然的命令）

補習費很貴，還要去接你，這樣還敢說不要去？（引發愧疚）

好不容易才報名進去，又說不想去了？現在如果退出，以後想去也去不了。（威脅）

不可以這麼軟弱，無論如何都要堅持，如果那麼輕易就放棄的話，以後會變成什麼樣子？（壓迫）

　　對於不想上補習班的孩子，父母當然會斬釘截鐵的說：「不行」。想著如果再堅持一段時間，說不定孩子就會改變主意了，大部分家長都抱持著這樣的想法，推著心不甘情不願的孩子進入補習班。但是在那之前，有些問題必須先問一問。

　　「為什麼不想去？」

　　「不喜歡的理由是什麼？」

　　孩子說不想去一定有原因，就像人不會平白無故的討厭另一個人。決定是否繼續上補習班是以後的事情，首先要了解孩子為什麼不喜歡。

「太難了。我完全聽不懂老師的說明。」

「我不喜歡測驗，考一百分的人很多，我好像是最差的。」

如果課程與孩子的程度不合，必然會失去興趣。上課一直聽不懂，並不是學習，而是羞辱。

「坐補習班接駁車的時候，河娜都會鬧我。」

同儕之間的衝突也可能成為孩子不想去補習班的理由。在學校分班分好了通常一整年都不能更換，但在補習班可以調整班級，如果是這個原因，可以跟補習班協調一下。

「不知道……反正我就是不想去。」

還不善於表達的孩子可能會找不到合理的答案，只會說不知道。這時父母要透過提問一步一步尋找原因。

程度問題

「老師的說明很難聽懂嗎？如果趕不上進度，就請老師幫忙吧。」

作業問題

「是因為作業很多嗎？每天都要寫，所以可能會很吃力。我們來調整一下吧。」

與同儕之間的問題

「是因為同學嗎？是不是跟同學發生了不愉快的事情？你可以說出來。」

老師的問題

「被老師罵了嗎？還是覺得老師上課有什麼你不適應的地方？老實說出來沒關係。」

如果一直詢問還是不得其解，那就這樣說吧：

「你不想去補習班肯定有理由，可是你一直回答不知道，媽媽也很困擾。那麼媽媽先找補習班老師談談，之後再來討論要不要繼續，今天還是先去上課吧。」

根據孩子不想去的原因，有不同的解決方法。一昧強求孩子去上課不是最好的辦法，必須針對情況找出合適的解決方法。孩子心裡本來就不想去補習班了，如果聽到強迫、威脅、命令的話語，可能會對補習班更反感。雖然或許上了一段時間之後情況會發生變化，但也可能真的就此中斷了。

在韓國，「即使不喜歡也要忍耐六個月」在補教界算

是滿常聽到的說法，因此通常補習班一期就是六個月的時間。在這段時間，孩子可能在補習班結交朋友並對學習產生興趣，就會一直待下去。但是比時間更重要的是孩子的心，補習班的大門可以輕易打開，但孩子的心一旦關上了就不容易再敞開。孩子若是表現出非常不喜歡的態度，就不要太勉強，這才是明智的做法。不需要浪費金錢時間，同時又破壞親子關係。

有些事即使不喜歡也必須做，這就是人生。世界不會像爸爸媽媽那樣總是慈祥的等待孩子，也不會理解孩子的錯誤。生活在這樣的世界不容易，常常會有覺得疲憊想放棄的時候。即便如此，只要**聽聽那些勇於挑戰、重新站起來的人的故事，會發現在他們背後都有堅定支持的父母。在徵求意見、等待、尋找解決方案的過程中，父母都給予充分的尊重和理解。**

若想培養一個有毅力和韌性，即使遇到困難也會繼續往前走的孩子，請記住，讓孩子重新站起來的力量來自尊重，這種尊重是一種情感土壤，滋養著孩子。如果總是用威脅、逼迫、命令的話語，那孩子絕對無法長成一個有毅力與韌性的人。

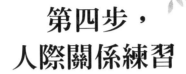

第四步，
人際關係練習

「你也不要和她玩！」

不要對與朋友吵架的孩子說情緒化的話

小一的孩子跟朋友吵架

孩子：媽媽，云云要我的寶可夢卡，我不給她，結果她就
　　　說不和我玩，要跟我絕交。

媽媽：怎麼有這種小孩？那你也不要跟她玩。（情緒化）
　　　你跟她說：「我也不要跟妳玩！」「我要跟妳絕
　　　交。」（指示絕交）
　　　不要理她，以後不要跟她一起玩了。（指示無視）

　　孩子與同儕之間的問題之所以讓人覺得難，是因為觸
動了媽媽的感受。聽到孩子被朋友那樣對待，媽媽心裡也
會很受傷。會說出「你不要跟那個小朋友玩」或「不要理
他」這種話，是因為媽媽的情緒也被牽動了。

但是，如果父母的情緒也被牽著走，就無法撫慰孩子的心。在處理孩子同儕關係的問題上，父母必須秉持理性客觀的態度。

「因為她先提出過分的要求，你沒答應她並沒有錯。」
（掌握狀況，整理對錯）

「她突然說要跟你絕交，你也覺得很意外吧。」（釐清孩子的立場）

「我想她不是真的要跟你絕交，應該是因為得不到想要的東西，覺得很傷心才那樣說的。」（說明對方的立場）

「不過用『絕交』也太過分了，你一定很難受吧。」
（共鳴）

要理解其他孩子為什麼欺負我的孩子很難，但身為家長必須試著去了解原因，這樣才能讓自己的孩子理解原因。因為孩子會學習父母的情緒表現和言行，或許哪一天，我的孩子也會用不成熟、未經思考就說出的話傷害其他孩子。我們必須像對待自己的孩子一樣，具有擁抱其他孩子的包容心。

特別是幼兒園到小學低年級的孩子，很容易說出「絕交」這種話，不過幸運的是孩子們的情緒通常來得快、去得也快，容易吵架也很容易和好。大人吵架會需要很久才能消氣，但孩子們不會。只要理解對方立場並產生共鳴，很快就會像什麼事都沒發生一樣玩在一起了。看到昨天為了玩具吵架，今天又玩在一起的孩子，「絕交」這句話對他們來說大概是「我現在不想和你玩」或「你讓我覺得很難過」這種意思，所以其實家長也不必太嚴肅看待。

但要是常常這樣說，像把絕交當口頭禪的孩子，就要注意一下了。

「我要跟你絕交。」「我不要跟你玩了。」（絕交宣言）
「你不給我就跟你絕交。」「你不照我說的去做就絕交。」
（威脅）

如果有這樣的朋友，動不動就跟孩子說不跟你玩，用絕交威脅，我們就得透過詢問來進一步了解狀況。

「云云好像常常說要跟你絕交，是嗎？」（確認事實）
「你沒事吧？就算她不是真心那樣說，你聽了也會很難

過吧，老實跟媽媽講沒關係。」（確認孩子的心情）

「如果每次跟某個小朋友玩都會發生讓你很難過的事，
那你可能就要先跟那個小朋友保持一點距離。」（指示
替代方案）

一兩次就算了，但總是用絕交來威脅就令人無法理解。
反覆的絕交會對孩子造成壓力，傷害孩子的自尊心。若是
把持續受到傷害又要自我克服的過程留給孩子自己承受，
是很殘酷的事。

但是父母直接干預並不是最好的解決方法，也不建議讓
他們從此分開不相往來。

「不要跟她玩！」

「不要理他！」

這些話暗示孩子必須聽從父母的決定，但實際上要不要
維持關係的決定權不在家長，而在孩子身上。要不要繼續
跟那個朋友玩，是孩子自己要決定的事，因為那是孩子的
朋友，不是媽媽或爸爸的朋友。

當然，這並不代表家長要完全放手不管，我們可以仔
細觀察孩子的感受，讓孩子知道凡事都忍耐不是最好的辦
法，教導他如何和朋友保持適當的距離，維護自己的心。

並要表現出將選擇和決定交給孩子的「中立態度」和細心觀察孩子內心情感的「共鳴態度」。

孩子喜歡所有朋友，但媽媽不一樣，不一定會覺得孩子的所有朋友都很好，老實說，有一些孩子並不是真心的。看到那些孩子對我的小孩隨便講話，暗地裡排擠我的孩子。玩的時候總是掌控一切還制定出只對自己有利的規則，身為媽媽看了真的很傷心。而我是個小學老師，很容易看出孩子們的問題行為，也因此看到很多令人掛心的事。

這種時候，我就會很想對自己的孩子說：「你也不要和他玩。」「你去找其他朋友玩吧。」但話到了嘴邊又嚥了回去。回想起來，實在慶幸當時沒有真的說出來，只是默默關注著。等孩子升上了高年級，自然了解如何找到和自己合得來的朋友、如何相處。如果媽媽介入太多，那麼這段辛苦學習人際相處的時間反而會變得更長。

看人的眼光不是天生的，只有經歷過被絕交、受傷，反覆嘗試，才能找到適合自己的人。若想培養成有責任感、有社交能力的孩子，父母就不要干涉，應該給孩子充分嘗試和經歷錯誤的機會。雖然現下父母看了很心痛，但隨著時間的流逝，孩子的內心也會成長茁壯。

「你這樣會被排擠的！」

不要對孩子說這種威脅的話

　　六歲的孩子邀請幾個朋友到家裡玩，但是孩子看起來不太開心，他眼睜睜看著朋友拿了自己的玩具去玩，最後跑過去搶回來說：「這個是我的！」孩子們因此吵了起來，最後不歡而散。

　　為了給孩子招待朋友的機會，我下了很大的決心邀請孩子的朋友到家裡玩，結果才玩了一下就吵架，只好提早散會，我看那個孩子的媽媽似乎也不太高興，有點擔心自己的孩子會不會因此交不到朋友。

「他是來我們家的客人，要好好相處啊，怎麼可以搶東西呢？」

（責怪）

「你在幼兒園裡也是這樣嗎？」（場所連接）

「換個立場想想，如果是你會開心嗎？如果對方常常說不好聽的

話，你還會想跟他玩嗎？」（誘發罪惡感）

「你這麼小氣誰會喜歡你？誰會想跟你做朋友？」

（誘發羞愧感）

「不可以想做什麼就做什麼，不可以那樣對待朋友。」（禁止）

「你老是這個樣子會被排擠。」（威脅）

「好不容易邀請朋友到家裡玩，結果還吵架，

以後不用再找朋友來了！」（警告）

　　孩子很困惑，他以為自己的玩具被搶走，害怕會失去那
個玩具，那樣做是為了保護玩具，他不明白媽媽為什麼會
生氣。

　　總之，父母的指責和威脅、警告對孩子毫無幫助，只會
讓他感到羞愧和罪惡感，只是拋給他負面訊息而已。遇到
這種狀況的時候，首先要分辨並承認孩子的問題行為是什
麼，以及背後的情緒及想法，事後再糾正也不遲。

「那個確實是你的玩具。」（認同想法）

「因為是你最心愛的玩具，所以你不開心也是情有可原。」（認同情感）

「但即使你不喜歡，也不能對朋友那麼大聲講話，還把玩具搶走啊。」（控制行為）

「邀請朋友到家裡來是要一起玩的，如果搶走玩具，就不能一起玩了。」（說明理由）

「和朋友一起玩你最喜歡的玩具可能有點難，不過還是可以試一試。」（正面理解）

「如果你有特別喜歡，捨不得拿出來的玩具，可以在朋友來之前就先放在抽屜裡。」（指出替代方案）

「如果你不喜歡朋友玩你的玩具，那以後就不要找朋友到家裡來了。等到你想好可以跟朋友分享玩具時，我們再請朋友來玩吧。」（分辨）

相反的，去朋友家玩的時候可以提前教孩子：

「如果在朋友家看到想玩的玩具，要先問朋友可不可以玩喔，因為那有可能是朋友很珍惜的。先問他『這個可以玩嗎？』再玩。」

對孩子來說，區分自己和他人物品的所有權概念很簡單，但借貸的概念複雜多了。**與其強迫他們無條件借給對方，不如在自然相處時創造給予和接受的機會。**

「那孩子是誰？」

不要介入孩子與朋友的相處問題中

小二的孩子放學回家哭著訴苦

孩子：媽媽，上體育課玩躲避球時，我沒接到，同學就笑我，還說我笨手笨腳。我又不是故意的。

媽媽：什麼？誰說的？是誰說你笨手笨腳？那孩子叫什麼名字？（介入）

　　孩子和朋友在一起時發生了不開心的事，父母會更傷心，心裡焦急的追問讓孩子不開心的人是誰，但其實就算知道了也無能爲力。

　　有些家長可能會打電話給另一個孩子的父母討論孩子的爭端，或發簡訊要求道歉，但這麼做可能會被當成無禮，

因為並不能保證自己孩子說的話百分之百都是事實。幼兒園到小學二年級年紀的孩子，通常只會講對自己有利的部分或扭曲事實。

這時，與其追問引發衝突的對象是誰，不如問孩子是如何應對的。不要只注意在事件中的不公正，要教導孩子如何保護自己免受不公平待遇。

「你一定很傷心吧。」（共鳴）

「朋友做了那種事，那你怎麼說？」（確認孩子的對應）

「我什麼都沒說。」

但遺憾的是，大多數孩子在遭受朋友意想不到的攻擊時，常常無話可說，就那樣帶著傷心回家向父母訴苦。這時父母就會想打電話給對方家長把話攤開來說，唯有聽到對方孩子或父母的道歉，才能消氣。

但是從長遠來看，這種行為只會剝奪孩子「在不公正的情況中守護自我」的體驗機會。那樣的同學隨時隨地都可能會遇到，但不可能每次都找媽媽出面解決。

與其幫孩子出面，不如教導孩子自己一步一步走，練

習有自信的說出想說的話，積極對應不公正，培養保護自己、尋求尊重的勇敢態度，才能成長為具備自尊心的孩子。

「我聽了感覺很不好。」（傳達情緒）
「你也不是每次都接到球啊，可是我從來沒說什麼。」
（說明不當行為）
「不要說我笨手笨腳。」（要求終止不當言論）
「不要取笑我！」（要求終止不當行為）

要對朋友說「不要那樣」、「這讓我感覺很不舒服」這種話，對大人來說也不容易，因為怕得罪對方，怕吵架，只能一直悶在心裡，這種經歷為人父母的應該也都有過很多次吧。對孩子們來說也一樣，如何應對不公正待遇的話語，只能透過實踐和經驗來學習，即使一開始可能說不出話來，但只要努力練習，總有一天就會習慣，為自己發聲。

不管是工作還是在家裡，沒有一個地方是不起衝突的，學校也一樣。雖然老師會出面仲裁，避免引發更大的爭執，但孩子們之間的矛盾總是存在，這種時候會看到能正

確表達自己情緒和想法的孩子，他們多半都是在家練習過的，而這些表達清楚的孩子對學校生活的滿意度也比較高。

我的孩子也不太擅長說不喜歡或不要那樣做之類的話，我在家會一邊製造情境一邊讓他們練習，但只要在朋友面前，就會忘得一乾二淨，還是經常低著頭沮喪的回來。每當這種時候，我會教導他們隱藏傷心，重新面對。回想起來，這些都需要很大的忍耐力。不久前小學二年級的孩子對我說：

「媽媽，云云又對我說讓我不開心的話，這次我跟她說：『妳不要這樣講，我聽了心情很不好！』媽媽，我做得很好吧？」

孩子是透過父母慈愛的話語，學習如何生活在這個世界上的。

即使稍微慢一點，需要多一點時間，但只要相信並等待，孩子為自己發聲的那一天一定會到來。看到孩子一點一點的成長，過得很好，對父母來說就是莫大的喜悅和欣慰，這種感受，只有退到孩子身後守護、信任並支持他們的父母才能享受。

「都是媽媽的錯！」

不要對孩子說這種自責的話

　　當孩子還小的時候，通常會透過媽媽介入來結交朋友。媽媽們之間的人際關係會延伸成為孩子們的人際關係。媽媽朋友的孩子，很快就會成自己的朋友。因為媽媽們走得比較近，會輪流邀請到彼此家裡玩，或一起去公園玩，如此一來，孩子也經常見面，自然就會成為朋友。

　　但是職業婦女很難進行這種交流，首先得要見面才能交換聯絡方式，建立聊天群組。而相約去彼此家裡、去公園玩、去親子咖啡廳，那些時間通常是職業婦女的上班時間，實在很難參與。職業婦女不僅沒有時間上的閒暇，也沒有心靈上的餘裕。

　　我是養育兩個孩子的職業婦女，下班後要做飯、盯著孩

子洗澡、哄孩子睡覺，這些過程就像戰爭一樣。家裡永遠亂糟糟的，沒有時間招待客人到家裡坐，也沒有閒暇去展開新的人際關係。不知道是不是因為這樣，女兒上小學一年級時沒有朋友，但她是個社交能力很好的孩子，所以我不怎麼擔心。可是到了下學期時，她對我說：

「媽媽，我沒有朋友，我想轉學。」

個性開朗外向，總是勇於表達的女兒，居然哭著跟我說她沒有朋友，我崩潰了，好像一切都是我的錯。我馬上找班導師討論，並仔細聽了孩子的說法。綜合來看，女兒說沒有朋友的意思，並不是因為被排擠而產生的疏遠感，而是在團體生活中缺少小女生之間那種小圈圈的親密感而覺得孤獨。

一想起這段時間感到孤獨的孩子就覺得非常心疼，但是我不能表露出來，因為在沒有朋友的教室裡，忍受孤獨的不是媽媽，而是孩子。若是連媽媽都傷心的話，孩子就無處可以依靠了，於是我對孩子這樣說：

「有時候會在同一個班上找到跟自己合得來的朋友，有時候不會。這不是因為妳不好或做錯了什麼，只是運氣而已。升上二年級、三年級，又會遇到新朋友，一切都

會好起來的。」（正面的解釋）

「下課時間如果不想出去玩，要不要帶你喜歡的著色簿到學校呢？」（提出替代方案）

「可以和朋友一起玩，也可以一個人玩。媽媽希望妳不管用什麼方式都能開心。如果妳自己一個人也可以玩得很開心，其他同學看到了說不定也會主動來找妳喔！」（正面的解釋）

我們無法改變沒有朋友的「情況」，但是可以改變對情況的「解釋」。可以告訴孩子，一個人也能玩得很開心，沒有朋友不是你的錯，只是剛好沒有遇到而已，將來換了新班級就會認識新朋友，引導孩子朝正面的方向去思考。

父母越是為無法控制的情況感到惋惜，孩子就會越可憐。即使父母再難受，在孩子面前也要堅張。看到媽媽難過，孩子會更難受，一個悲傷、哭泣的媽媽無法給孩子任何安慰，因為孩子會認為讓媽媽傷心、讓媽媽哭的人就是自己，孩子只會更痛苦。

父母不能陷入悲痛中，不能被悲傷左右，必須成為孩子可以信賴和依靠的堅強後盾，這才是減輕孩子孤獨感唯一且最可靠的方法。

職業婦女最大的困難不是工作和育兒的平衡，而是關於如何在工作和育兒平衡之中減少罪惡感。

　　可以肯定的是，「媽媽的朋友＝孩子的朋友」這個公式大多在小學低年級就結束了。身為一名教師，我觀察到媽媽的人際關係延伸到孩子的人際關係只是一時的。就算一開始是因為媽媽的關係而親近，但若個性差異很大終究還是合不來，等孩子年紀稍長，就會有自己的朋友圈了。

　　因孩子而結下的緣分也可能會因孩子而破裂。如果孩子之間吵架，媽媽們也會有情緒。另外，即使表面上媽媽之間好像感情不錯，但當中必然也有小圈圈，背後的八卦也不少。總之，交朋友最終還是孩子自己的事。

　　因此，媽媽要克服的不是孩子的人際關係，而是要戰勝愧疚和罪惡感。後悔和內疚無法幫助孩子，**就像不能把孩子的成績單當成媽媽的成就一樣，孩子的孤獨和媽媽的罪惡感也不該連在一起。孩子要過孩子的生活，媽媽要過媽媽的生活。**

「他搞什麼啊？」

未受邀參加生日派對，也不要說孩子朋友的壞話

　　小六的女兒放學回來很興奮的跑來找我。

　　「媽媽！這週六是小天的生日，他要開生日派對邀我們去，我可以去嗎？」

　　「過生日啊？嗯，雖然疫情緩解，但過夜還是有點不適合，妳們有幾個人？」

　　「小天媽媽說只邀了四個人，可能就是因為疫情吧。」

　　「那應該不是正式邀約，妳想去嗎？」

　　「嗯，我很想去。」

　　「那我知道了，如果接到邀請，我再跟小天媽媽談談。」

　　但是一直到星期六，女兒都沒提這件事。

「小悅，小天的生日派對不是今天嗎？」

「是啊，她邀請了四個人，不過我沒有收到邀請。沒關係啦。」

孩子口中說沒事，可是我心裡卻很不是滋味。或許因為疫情不好邀請太多人，但受邀的四個人中沒有我的女兒，這點讓我很傷心。「搞什麼，既然如此，一開始就不應該提出來啊！」這句話直衝到我的喉嚨。但是仔細一想，好像不該說出來，孩子應該比我更傷心，但她堅強的挺過來了，如果媽媽生氣了，反而會對孩子造成傷害，所以我努力不表現出來，裝作若無其事的說：

「我女兒心裡不好受吧？要不要煮妳最愛吃的辣雞麵？吃點辣的東西消消氣。」

雖然覺得很遺憾，想做點女兒喜歡的食物安慰她，沒想到女兒卻很成熟的對我說：

「媽媽，其實我很想去，所以有點傷心，不過我更想做的，是以後跟同學更加好好相處。」

「說得真好！我的女兒怎麼會有這麼成熟的想法？想去又傷心，心裡應該很複雜吧。」

「我想往正面的方向想。因為媽媽常常鼓勵我，教我要往正面的方向想，所以我也自然而然產生了這種想法。」

「所以是媽媽影響妳的嗎？」

「是啊。」

「真是太榮幸了，謝謝。其實如果是媽媽，遇到這種情況應該也會羨慕又傷心。但是妳可以這樣想，而且還說是媽媽的影響，我真的好高興。」

「我不曉得媽媽也會羨慕和傷心，因為妳總是跟我說鼓勵的話，所以我以為媽媽的心也是那樣。」

孩子雖然沒有被邀請參加朋友的生日派對，但卻沒有就此陷入低潮，**能夠很快堅強起來的原動力既不是美食、同理心或誹謗，而是媽媽在日常生活中一直對她說的積極正面的話。長久以來看著孩子成長，在不安和擔心的瞬間也沒有放棄，播下的積極想法的種子最後終於開花了。**

而且對孩子來說，在媽媽面前不用刻意隱藏傷心，可以把媽媽當作依靠，讓我真的很高興，也很感謝受到媽媽影響而成長為能夠戰勝困境的孩子，我從孩子身上學到了很多東西。

對於孩子們來說，朋友關係似乎是自尊心的根源，但事實並非如此，比朋友更重要的是與父母的關係。**父母的積極態度和信任會成為支撐孩子心靈的籬笆，孩子知道自己**

有堅實的籬笆後，會逐漸變得堅強。父母對孩子的尊重才是孩子自尊的泉源。

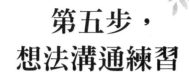

第五步，
想法溝通練習

想法溝通
5-1

「你怎麼可以這樣對媽媽說話？」

當孩子無意間傷害媽媽時，也不要用尖銳的話回應

小四的孩子挑食

孩子：媽媽，晚上去吃排骨飯吧。

媽媽：我又不是沒做飯，媽媽做了烤青花魚，在家吃就好。

孩子：我不喜歡青花魚，為什麼媽媽都自己決定？

媽媽：你說那是什麼話？怎麼可以只吃肉就好？（尖銳的話）

不僅是孩子，父母也會受到言語的傷害。爸爸媽媽努力親切的與孩子說話，但當孩子粗魯回話時當然也會惱怒，最後，對話就被中斷了。

「爲什麼每次都是媽媽自己決定？」

「爲什麼都是爸爸想怎麼做就怎麼做？」

「媽媽都不管我，只想著自己。」

「不管我說什麼爸爸媽媽都只會說不行！哼！」

　爲了迎合孩子們的口味和健康，料理時細心調味，外出就餐也總是去孩子們喜歡的地方，但聽到孩子那樣說，心裡覺得很不是滋味，什麼「每次」，眞是太冤枉了，氣得連話都說不出來。所以決定再也不管孩子們了，只吃我想吃的東西、去我想去的地方。

　雖然孩子們不懂父母的心是理所當然的，但即使知道，還是會受到傷害。爸爸媽媽也是人，如果情緒眞的難以忍受，就會對孩子說出刺耳的話。

「你想要什麼，媽媽都盡量滿足你，但是你卻說我什麼事都自己決定，好像我的辛苦和努力都不算什麼，我聽了很傷心。」（說明）

「媽媽盡量理解你的想法，但你也要體諒我啊。」（要求）

「你知道我很傷心吧？你自己說，這樣我聽了會不會傷

心？」（勸誘）

　　如果爸爸媽媽累了，孩子們就會沒了依靠。因此，父母也必須引導孩子理解爸爸媽媽的心。不要想著「總有一天會明白我的苦心」、「等到他長大後就會改變吧」，一邊默默掩蓋受傷的心。直接向子女說明爸爸媽媽是什麼樣的感覺吧！「非得說出來不可嗎？就算我不說孩子也會理解吧？」如果還有這種期待，那就大錯特錯了，不直接說出來，孩子就無法知道。

「媽媽也不是什麼都自己決定，我那樣講媽媽一定很傷
心。」（認同父母的心情）
「我做錯了。」（承認錯誤）
「對不起。」（道歉）

　　本來只是希望孩子理解媽媽的心受傷了，但孩子卻馬上道歉說對不起。可見孩子並不是有意傷害疼愛自己的爸爸媽媽，能讓孩子知道父母也會因為自己說的話感到難過，那他們以後說話就會更小心了。
　　認同、肯定、溫情這些尊重的語言並不是單方面的。父

母不能永遠容忍孩子的消極態度，用同樣負面的話回應不是成熟的方式。請坦率傳達受傷的心情，直到孩子理解並接受爲止，那麼孩子就會明白父母的心。**放低身體在同樣的高度與孩子眼神交流，溝通才會發揮眞正的力量。**

想法溝通
5-2

「你聽不懂人家話裡的意思嗎？」

不要對不會看人臉色的孩子說讓人羞愧的話

　　在學校工作，我經常看到在衝突情況下缺乏「角色取替能力」（perspective taking ability）的孩子。這是社會認知中一項基本而重要的技巧，指的是易地思之，簡單來說就是換位思考。角色取替能力高的孩子善於產生同理心，在調解紛爭方面也表現出眾，當然人際關係也好，很受同儕歡迎。

　　相反的，角色取替能力低的孩子，很難透過語氣、表情判斷情況，很多時候不理解別人話中包含的意義，在溝通過程中也容易產生很多不必要的誤會。例如以下狀況：

「爲什麼笑我？」

「我哪有笑你，是你找我麻煩。」

「老師，小天一直瞪我。」

「我哪有，只是剛好看到你而已，怎麼說我瞪你？」

　　無法區分凝視和斜視、笑容和嘲笑，以及對微妙情境背景的解讀與事實有明顯差距。有時會因爲沒能掌握好氣氛，說些不著邊際的話；有時會因爲無法處理複雜的情緒而露出困惑的表情。然而老師在學校會看到很多孩子，也比較能客觀看待每個孩子的狀況，父母在家裡就只看到自己的孩子，很容易會把注意力放在這些部分，當作是問題行爲。

「你為什麼都聽不懂？」（指責）

「你到底是怎麼了？我完全無法理解。」（無視）

「不要狡辯。」（禁止）

「老是搞不清楚狀況，最後只有你自己吃虧。」（攻擊）

如果連父母也用寒心的視線看待他，那麼孩子眞的就沒

有依靠了，萎縮的心會縮得更小。不過還好這種角色取替能力是可以透過學習刺激發展，只要父母善意的說明和教導，一定可以改善。

「你看到了什麼，讓你覺得朋友在笑你呢？」（檢查想法）

「笑和嘲笑有什麼不一樣呢？」（協助分辨）

「那個朋友對別人也這麼，還是只有對你這樣？」（區分）

「那個朋友或許是在嘲笑，但也可能不是。」（分辨）

「不過因為媽媽沒有親眼看到，所以沒有辦法明確的告訴你。」（說明）

「但是如果一直想著他在嘲笑你，這樣你自己的心情就會受到影響，所以還是換個角度想吧。」（勸導）

我們很難用言語解釋什麼情況、別人露出什麼樣的臉色時，應該一眼就看出來是什麼意思。孩子因為聽不懂話語包含的意思，很多時候也需要跟他說好幾遍。但是如果因為厭煩而放棄教導，等孩子逐漸長大，就越來越無法與他人相處，會越來越孤獨。想像孩子一個人獨自站在三五

成群的同儕中間，那畫面很讓人心痛。大人都很難忍受孤獨，更何況是孩子呢？為了我們心愛的孩子，請不要放棄努力。

「不准那樣講！」

不要一昧禁止孩子模仿流行新造詞

「怎樣TV，TV怎樣。沒問TV、不好奇TV，我就是這樣，我就是那樣，呵呵呵，覷覷生氣了吧？火大了吧？拿我沒辦法吧？說不出話了吧？」

以上是韓國小學生最近的流行語，看到想必是一頭霧水吧。孩子們也不知道自己在說什麼，只是盲目的跟著說。為了展現自己跟得上流行、很酷，還把TV改為所有電器用品，像是冰箱、洗衣機、烘乾機、電磁爐、冷氣機等。不知其意，或根本就沒有意義，只因為有趣。現在的孩子們就用這種說唱、沒有意義方式進行語言交流。

「怎麼辦TV」出自某位藝人的口中，意思是：「能怎麼

辦？你去看電視吧！」有點你能奈我何的意思，「齁齁生氣了吧？」就是生氣的意思。雖然是出於有趣的流行語，不過也不宜放任，因爲這類新穎的新造詞大多缺乏「尊重」，基本上都是貶低對方，帶有嘲諷和激怒對方的意圖。

語言支配思想，影響價值觀和態度，所以需要語言淨化。但是如果一昧禁止，以「那不是什麼好話」、「不准說」這種話來封住孩子的嘴，可能會引起反抗。所以父母應該明確的告訴孩子爲什麼不能說，讓孩子知道那些話不是純粹好玩，也不是正確的詞語，這樣孩子才會知道要改正。

「那些外星語啊，其實是『你能拿我怎麼辦？還是去看電視吧。我想怎樣就怎樣，你管不著。哈哈，你生氣了吧！』這類意思。這是無視和譏諷別人的話。就算你沒有這個意圖，但說出來了，人家就會聽進去。流行語並非不好，但也不一定非模仿不可。如果下次聽到朋友們隨隨便便就說出那種話，你可以告訴他們眞正的意思，這樣也很好喔！」

尊重是一種以相互爲基礎的價值觀。想要獲得尊重，首先要尊重別人。如果只有一方實踐，另一方卻沒有同步，那麼尊重的寶庫很快就會枯竭。請告訴孩子爲什麼父母會以身作則，說出認同、肯定、溫情的話語，那麼孩子就不會盲目模仿沒有意義的流行語了。

「看了就討厭，你出去！」

對整天玩手機的孩子，不要說這種憤怒的話

「看了就討厭，你出去！出去過你自己的吧！」

每個父母都有過這樣的經歷，一怒之下對孩子口出惡言，然後轉身後悔。那可能是你永遠不會對任何人說的苛刻的話，卻不經意在孩子面前脫口而出。因為是一家人，相信家人會理解，所以面對家人自然而然會直接許多。

每個人都會說錯話，如果每次都能保持平常心並控制好自己的情緒就好了，但常常事與願違。父母也是人，也會生氣，也會不高興，關鍵在於生氣之後，如何處理和解釋情況。

現在很多孩子從小就使用手機，若只在有必要的情況下使用是好的，但這種情況很少見，大多數孩子整天與朋友

互傳訊息，或整天沉迷於遊戲中，無法移開視線。看到這樣的孩子，爸爸媽媽會說：

「看你整天滑手機，心裡就難受。換做是你，你不會生氣嗎？」

因為孩子犯了錯所以父母生氣是正常的，但是不管孩子表現多麼惡劣，都不能用來正當化爸爸媽媽的憤怒。因為孩子會學習：「只要別人做錯了，我也可以發脾氣。」

接下來我們來看看哪些話將爸爸媽媽的憤怒正當化了。

「你也會有想大聲怒吼，發洩一下的時候吧，媽媽也有像你一樣生氣的時候啊！」

「大家都是這樣」這句話是很方便的藉口，很容易引起對方的共鳴。但是，如果你的意圖是為了掩飾對孩子的歉意、隱藏自己的失誤，那麼，坦率的道歉不是更好嗎？

「媽媽為了你花費了多少心力。」

父母為孩子付出的愛和犧牲無比崇高，但這並不能成為憤怒的赦免令。

「爸爸很愛你，爸爸努力工作賺錢都是為了你，在這世上最珍貴的就是你。」

雖然試圖用「愛」來表達歉意，但是本質不同的語言無法掩蓋錯誤。

即使孩子知道父母說「看了就討厭」這話不是真心的，但讓孩子受傷的根源不是父母生氣這件事，而是父母在生氣時卻頻頻找藉口的樣子，孩子會覺得沒有得到尊重。

如果不希望自己在不知不覺中對孩子傾注了負面情緒，那麼就誠實道歉吧！道歉和尊重是相輔相成的，想獲得道歉的渴望實際上也是想要得到尊重的渴望。

「媽媽說得過分了一點，對不起。」（承認錯誤，道歉）

「爸爸突然那麼大聲嚇到你了吧？是爸爸不對，對不起。」（承認過失，道歉）

雖然已經說出口的話無法收回，但可以解開孩子心中的疙瘩。父母要做的就是承認自己的失誤，向孩子真誠道歉。**一時生氣說了很過分的話，只要誠實承認錯誤並向孩**

子道歉，孩子就能感受到尊重，也能清理掉情緒的碎片。
不要總是習慣性的提高嗓門，孩子會明白，即使是爸爸媽媽也會犯錯，也不是完美的。

我有時會這樣問孩子：

「媽媽有沒有讓你覺得很傷心的時候？如果有的話，不要放在心裡，一定要告訴我。」

有時孩子會說沒有，但有時也會坦言因為某事而傷心，那麼我就會毫不猶豫的道歉：

「對不起，是媽媽不對，媽媽向你道歉。」

對孩子大發脾氣、說粗話，不是成熟父母的樣子。爸爸媽媽也要反省自己，控制自己的情緒。如果父母先承認錯誤並道歉，孩子就會感受到被尊重。

我們很難成為不生氣的父母，但可以成為尊重孩子的父母。

緊緊擁抱心愛的孩子

　　兒子好奇心旺盛，而且性格是打破砂鍋問到底。六、七歲時，有次因為好奇而在刷牙時把牙膏吞下去，還跟我說牙膏很好吃。問題是並非只有一次，只要我一分神，他就會把牙膏吞下去，所以我每次都會訓斥他。

「怎麼可以這樣，泡泡要吐出來啊，怎麼可以吞下去！」
（反感）

「告訴你多少次了，牙膏不是拿來吃的！」（指責）

「你再吃，就要去醫院洗胃了。」（威脅）

「你飯不吃給我吃牙膏？真是不聽話！」（評斷）

「媽媽講得很累了，拜託你聽話吧。」（抱怨）

　　每次孩子用舌頭和嘴巴解決他的好奇心時，我都會說很多指責和恐嚇的話，試圖指出並糾正兒子的好奇心和怪癖。但是在練習對孩子尊重的語言過程中，我明白了並不是孩子有問題，而是身為媽媽的我說話方式有問題。花了

很長的時間，才把改變的對象從孩子轉移到我自己，不過幸好我意識到這一點，承認孩子是獨特的個體，並尊重孩子的品味和個性。

　　孩子如今已經九歲了，他早已不吃牙膏了，但是兒子的好奇心仍然存在，不久前還發生過這樣的事。

　　「媽媽，喝沐浴乳會怎麼樣？」

　　「什麼怎麼樣？那個當然不能喝。」

　　「為什麼不行？喝了會死嗎？」

　　「是不至於死掉……你不會喝了吧？」

　　「沒有。」

　　「沒有？看你的表情就知道你喝了，一定是！」

　　「沒有，我吐出來了。」

　　「你很想知道是什麼味道嗎？」（承認想法）

　　「嗯。」

　　「什麼味道？好喝嗎？」（認同感覺）

　　「不好喝。草莓牙膏有草莓味，可是沐浴乳很鹹，好鹹啊。」

　　「幸虧不好吃，現在不會想再試了，對吧？」（親切）

　　「嗯，不想再喝了。」

「凡事有好奇心是很好的態度。（積極的理解）但是無論怎麼好奇，也不能做對自己身體有害的事。」（控制行為）

「嗯，可是……媽媽。」

「怎麼了？」

「我愛妳。」

孩子經常在和我對話後突然說出我愛你，雖然有點莫名其妙，但每次都讓我感動，好像知道媽媽的努力，給我安慰。也許「我愛你」這句話中也包含了「媽媽，謝謝你理解我、尊重我」這句話。

播下尊重的種子、發芽的過程雖然艱難，但結成的果實卻是碩大甜美的。在練習的過程中，我從用冷嘲熱諷逼迫孩子的母親，成長為尊重孩子並撫慰孩子心靈的母親。透過肯定的話，少了和孩子的衝突，生活更幸福。透過溫情的話，守護了媽媽的心，也理解了孩子的心。很多父母不知道該怎麼表達的尷尬情況，答案就在尊重的語言上。

其實很少人會思考後再說話，大部分人都是按照自己的習慣隨意說話。為了改變習慣，就需要不斷的練習。在寫這本書的時候，我只想到一件事。

「希望這本書能幫助讀者養成尊重的說話習慣。」

希望透過這本書，回顧和改善在過往日常生活中自然而然對孩子使用的負面語言。往後能用認同、肯定、溫情的話更靠近孩子。

孩子成長的速度快得嚇人，他們能留在父母身邊的時間並不多，等孩子長大了，父母一定會懷念現在的日子，那個時候如果想到的都是對孩子說的冷言冷語和負面否定的話，你會有多後悔呢？所以，何不趁現在孩子還在我們懷抱裡時，練習對孩子說出包含愛的話，現在就是最好的時機。希望所有接觸這本書的人都能用尊重的語言，充實與孩子在一起珍貴的每一瞬間。

一目了然，三種尊重的語言

情感交融的認同	
負面	**正面**
「怎麼會燙？」（反感）	「很燙嗎？原來你覺得燙啊。」（共鳴） 「幫你吹涼好嗎？」（提出解決方法）
「哪裡會痛？不要鬧脾氣了！」（否定）	「一定很痛吧！」（共鳴） 「幫你貼OK繃好嗎？」（提出解決方法）
「吃宵夜對身體不好，不准吃。」（禁止要求）	「很想吃吧。」（認同要求） 「明天早上再吃好嗎？」（提出替代方案）
「作業都沒寫還想出去玩？不准！」（禁止要求）	「現在一定很想玩，不想寫作業對吧？我了解。」（認同要求）
「不要再吵著要買玩具了。」（禁止要求）	「我知道你很想要那個玩具。」（認同要求） 「家裡還有類似的玩具，回家先玩好嗎？」（提出替代方案）
「這有什麼好哭的？」（責難）	「我了解你的心情，一定很難過吧。」（認同情感） 「我知道你現在覺得很傷心。」（認同狀態）

「你做對了什麼?還敢哭?」 (指責)	「這的確會讓你很生氣。」 (共鳴) 「如果我是你,也會覺得生氣。」 (共鳴)
「不准哭!還敢哭?」 (禁止)	「在房間裡盡情哭,想什麼時候出來都可以,媽媽跟爸爸就在外面等你。」 (等待) 「哭夠了嗎?心情有沒有好一點了?」 (詢問心情)
「你把『為什麼』當口頭禪啊。」 (草率的一般化)	「我知道你很好奇。」 (認同想法) 「有疑問的時候提出來是很好的態度。」 (認同態度)
「還敢頂嘴?沒有禮貌!」 (判斷)	「有問題就問很好,不過你的口氣很像在質問。」 (矯正口氣) 「不要只說『為什麼』,可以說『我想知道是什麼原因』?」 (提出替代方案)
「這不是在頂嘴嗎?」 (當面駁斥)	「原來你是這樣想的啊,不過……」 (認同想法)

讓人敞開心扉的肯定性話語	
負面	**正面**
「為什麼變來變去？」（負面的判斷）	「你改變想法了啊？」（正面的理解）
「你老是這樣數學就完了。」（威脅）	「一題一題好好練習就會覺得越來越簡單。」（安慰）
「你再這樣吃下去就會變成豬。」（威脅）	「為了身體健康少吃一點零食比較好。」（建議）
「又亂丟襪子了！」（責難）	「因為還沒養成習慣才會這樣。」（理解） 「放到洗衣籃裡吧。」（指引）
「應該先寫作業啊。」（命令）	「因為還沒養成習慣才會如此。」（理解） 「慢慢的按照筆畫順序來寫吧。」（指引）
「如果不想拿零分就給我好好寫字。」（悲觀思考）	「要改正寫字和造句不容易。」（共鳴） 「如果常常練習一定會變好的。」（信任）
「你總是這樣。」（負面的一般化）	「你上次好像也這樣喔。」（限定次數）
「你在學校也是這個樣子嗎？」（連接場所）	「以後不要再這樣了。」（叮嚀）
「不要只看圖畫書，要看多一點文字的書。」（指示）	「喜歡看書很棒喔。」（嘗試稱讚）
「快去寫作業。」（指示）	「寫這什麼字？重寫！」（指責） 「作業已經寫完了啊，真棒！」（稱讚完成）
「你這樣我看你長大後會變成什麼樣子！」（無視）	「你擁有才能，長大以後不管做什麼都會做得很好。」（信任）

默默傳達愛的溫情話語	
負面	**正面**
「快說知道錯了。」（強迫認錯） 「說對不起！」（指示道歉）	「如果知道自己錯了就牽牽媽媽的手。」（誘導承認）
「說下次不敢了。」（強迫承諾）	「如果以後不會再這樣的話，就跟爸爸打勾勾約定。」（透導約定）
「不要惹爸爸生氣。」 （禁止誘發憤怒）	「爸爸和媽媽正在講話，打斷的話，爸爸會不開心喔。」（說明） 「希望你可以尊重爸爸跟媽媽對話的時間，再等一下吧。」（要求）
「吃完了就把碗盤拿去水槽裡。」 （命令）	「吃完的話可以幫忙把碗盤放到水槽裡嗎？」（提案）
「你吃完拍拍屁股就走，叫我來清啊？」（嘲諷）	「把杯子收起來放到洗碗機裡。」（請託）
「現在無視媽媽是嗎？」（質問）	「如果是你，會有什麼感覺？」（詢問）
「你要我怎麼辦？我也沒辦法啊！」 （煩躁）	「有些事媽媽可能也沒有辦法解決啊。」（說明）

媽媽的說話練習

親子減壓溝通
練習手冊

每日一篇，持之以恆練習一個月。
當爸爸媽媽的語言庫裡裝滿了「尊敬的語言」，
在對話時就會像魔法一樣湧出。

媽媽的說話練習 DAY 1

孩子剛學會騎沒有輔助輪的腳踏車，媽媽千叮嚀萬囑咐務必穿戴好頭盔和護具才能騎車，但是孩子嫌麻煩，於是沒戴護具就騎車上路了。結果騎到一段下坡路時，因速度過快一時失去平衡而摔倒。媽媽心裡又心疼又氣，對孩子說：

「你自己做錯事還敢哭？」
（指責）

「媽媽有沒有叫你要先穿護具再騎車？」
（質問）

「媽媽又不會害你，你為什麼不聽媽媽的話？」
（責難）

孩子聽了放聲大哭。

對不聽家長的話而受傷的孩子，
應該怎麼說才好呢？

可以這樣對孩子說：

「你想吃炸雞啊？」

（認同需求）

_____

_____

_____

「可是這麼晚了吃東西對身體不好。」

（解釋）

_____

_____

_____

「明天白天再吃吧。」

（提出替代方案）

_____

_____

_____

「你覺得怎麼樣？」

（詢問意見）

_____

_____

_____

孩子玩遊戲輸了，哭了起來。雖然可以故意輸給孩子讓他開心，但畢竟不是所有事想贏就可以贏，擔心他長大後成為一個輸不起的孩子。而且有時也要懂得如何策略性的輸給別人。心裡一急就說出尖銳的話。

「本來就有輸有贏啊，這有什麼好哭的？」
（反感）

「你不應該為這種事情而哭。」
（獨斷）

「不准哭！」
（壓迫）

「難得陪你玩，你還這樣！」
（誘發罪惡感）

孩子哭得更大聲了。

對輸了遊戲的孩子
可以怎麼說呢？

可以這樣對孩子說：

「我知道你輸了很難過。」（認同情感）
「難過當然會流淚。」（解讀情感）

「但是你哭那麼大聲會影響到別人，
要不要回你自己的房間哭？」
（指示替代方案）

「你在房間裡盡情的哭，什麼時候想出來都可以，
爸爸媽媽就在外面。」
（等待）

面對反反覆覆換穿鞋子，或是一直賴床的孩子，有時眞的很受不了。

隨著那些負面情緒的堆積，爸爸媽媽可能會不知不覺吐出嚴厲的話。

「是你自己說要穿運動鞋的，
都已經出來了爲什麼又改變心意？
現在沒辦法回家，你就繼續穿著運動鞋吧。」
（負面的判斷）

「每天早上都要叫你起床實在很累。
你這麼懶以後媽媽不在身邊你怎麼辦？」
（負面的判斷）

「只是劃傷一點點而已，洗澡又不會死。」
（負面的判斷）

孩子聽了咬著嘴唇不說話，一臉委屈。

對反覆改變心意的孩子
可以怎麼說呢？

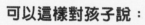 **可以這樣對孩子說：**

「你想把運動鞋換成拖鞋啊？
可是我們已經出發了，現在沒辦法回家啦！」
（正面的理解）

「雖然很想繼續睡但還是起床準備上學，你好棒。」
（正面的理解）

「一點點割傷而已，洗澡不會有問題，
如果還是不放心就先貼上防水OK繃吧。」
（正面的理解）

對於不聽話的孩子，最快制服的方法就是威脅恐嚇。感受到恐懼和不安的孩子，很快就會改正行為。

> 「現在就放棄的話，以後你數學都會考零分。」
> （威脅）

> 「你這樣嘲笑同學，小心被排擠。」
> （威脅）

> 「只想玩電動不看書，小心以後變成笨蛋。」
> （威脅）

> 「不要吃了，你再吃下去就會變成豬了。」
> （威脅）

> 「穿這件太薄了會著涼，
> 只顧著愛漂亮出去就會凍成冰棒。」
> （威脅）

這種效果只是一時的，並且可能會給孩子灌輸消極的未來。前面的話是「孩子」的行為，但接下來的話，是「父母」的牽掛和擔憂。處理焦慮和擔憂是父母的事。

> 對隨意嘲笑朋友、只想玩不念書的孩子，
> 該怎麼說呢？

可以這樣對孩子說：

「每天都做練習題，
久而久之數學也會變得容易變得有趣喔。」
（安慰）

「親切的跟朋友說話，朋友也會更喜歡你喔。」
（建議）

「讓你變聰明的不是電動是學習啊，
分一點時間學習可以讓自己變聰明。」
（建議）

「今天天氣比較冷，只穿這件可能不夠暖，
再加一件外套吧。」
（建議）

媽媽的說話練習 DAY 6

當看到孩子的缺點或不足之處時，父母的心就會焦躁起來。有時會說出有口無心的話，在命令和指示中包含了責備和羞辱。

「題目要看清楚啊！要你找出錯誤的地方結果你找的是對的，當然會被扣分啊！
因為看錯而被扣分也是你自己的錯！」

（責難）

「你又亂丟到哪裡去了？我說過多少次了，叫你要丟到洗衣籃裡，你老是這樣亂丟，爸爸媽媽實在很累。」

（追究）

「那是你沒按照順序寫才會這樣，按照筆畫順序寫！」

（命令）

「你不是說玩半小時就好？現在時間都已經超過了。
你就是這樣所以爸爸媽媽才不讓你玩電動。
因為你都不守信用，讓人不能相信。」

（誘發羞愧）

孩子的臉脹得通紅，頭也更低了。

對隨便寫作業、亂寫字的孩子，
該怎麼說才好呢？

「因爲還不理解題目，練習題做得不夠多才這樣，
多做幾次就會進步，來，我們一起仔細看看題目吧。」
（正面的解釋）

「因爲還不習慣把脫下來的衣服丢到洗衣籃才會這樣，多做幾
次就會習慣了。現在把換下來的衣服丢到洗衣籃吧。」
（正面的解釋）

「因爲還不習慣按順序寫才會這樣，
多寫幾次就會習慣了，現在就按照筆畫順序慢慢寫吧。」
（正面的解釋）

「玩電動玩得正過癮，很不想停下來對吧。
不過你還是可以做到，用自己的意志力試試看吧。」
（正面的解釋）

一開始就期待孩子可以做得又快又好，是父母太心急。但明知如此，父母還是會不停的指點，不停嘮叨，督促孩子已經成為每天的例行公事。

「快寫作業。」（指示）
「你這字是怎麼寫的？你這樣寫連老師都看不懂，
擦掉重寫！」（指責）

「快問好。」（指示）
「重來，一點精神都沒有，大聲一點。」（指責）

「自己的房間自己整理。」（指示）
「既然要整理就整理得乾淨一點啊。」（指責）

「不要整天玩手機，去看書。」（指示）
「不要只看圖畫書，看字多一點的書。」（指責）

孩子一點活力也沒有，
滿臉不高興的看著爸媽媽。

對愛玩手機、不敢向人打招呼的孩子，
該怎麼說才好呢？

可以這樣對孩子說：

「作業都寫完了，真棒！」

（稱讚完成）

「懂得向長輩打招呼，真有禮貌。」

（稱讚嘗試）

「還好有你在，讓媽媽整理起來不用那麼辛苦，謝謝你。」

（鼓勵）

「喜歡看書很棒喔。」

（稱讚嘗試）

有些孩子即使做錯了事也不會主動道歉。爸爸媽媽擔心這樣的孩子長大後成為自私自利的人，不會承認自己的錯誤。

「你自己說，你做錯了什麼？」
（指示承認）

「快說『我錯了』！」
（強迫承認）

「快說『對不起』！」
（指示道歉）

「又這樣？快說『下次不敢了』！」
（強迫承諾）

雖然孩子在催促之下認錯了，
但不知道是不是真心後悔。

對不主動道歉和反省的孩子，
該怎麼說好呢？

可以這樣對孩子說：

「如果知道自己錯了，就牽媽媽的手。」

（溫情的話）

「如果覺得抱歉，就過來抱抱媽媽。」

（溫情的話）

「如果知道以後不可以這樣，

就過來跟爸爸打勾勾。」

（溫情的話）

媽媽的說話練習 DAY 9

在父母眼裡，孩子並非永遠乖巧可愛，就算是爲人父母，
如果本身狀態不好或疲倦時，對孩子的頑皮或糾纏也很難
平心靜氣的接受，就算是一點點刺激，也會讓理智斷線，
說出不適宜的話。

「不要惹我生氣！」
（禁止誘發憤怒）

「不要煩我！」
（禁止誘發厭煩）

「不要讓我這麼累！」
（禁止誘發疲勞）

爸爸媽媽生氣時，孩子不知道原因，
只知道不能違背爸爸媽媽的意思，
而且會想：「爸爸（媽媽）一定是因爲我才生氣。」
看著孩子越來越下垂的肩膀，只有心痛。

對隨便在爸爸媽媽說話時插嘴的孩子，
該怎麼說好呢？

「爸爸和媽媽正在說話，
你這樣插嘴爸爸覺得不太好。」
（說明）

「希望你尊重爸爸媽媽談話的時間，
我們還在講話，你可以先稍等一下。」
（要求）

「週末你說不想出去玩，卻只在家滑手機，
媽媽看了覺得不太好。」
（說明）

「難得爸爸也在家，今天天氣很好，
希望我們全家人一起去外面走走。」
（要求）

媽媽整天做飯、清理桌子、收拾東西，忙著各種家務，眞是渾身痠痛。這時候如果孩子可以幫忙該多好？於是媽媽忍不住命令孩子。

把你自己的筷子放在餐桌上。
（指示）

吃完了就把盤子放在水槽裡！
（命令）

吃飽了就走，不會幫忙收拾嗎？
（諷刺）

喝完果汁的杯子怎麼可以放在房間裡，又沒有叫你洗，
只有一個杯子也不會拿出來嗎？
（誘導罪惡感）

聽從指示和命令的孩子即使不喜歡也會去做。
然而這樣一來，不知不覺，
他也會成爲只按照指示去做的被動的孩子。

請孩子幫忙時應該怎麼說才好？

可以這樣對孩子說：

「可以幫忙把碗筷放在餐桌上嗎？」
（勸誘）

_____

_____

_____

_____

「吃完的碗盤幫我拿到水槽。」
（請託）

_____

_____

_____

_____

「有誰可以幫忙把醬菜桶蓋起來？」
（勸誘）

_____

_____

_____

_____

媽媽的說話練習 DAY 11

每天早上對準備上學的孩子，說最多的話是什麼？
「快點！」
因為如果不催，孩子肯定是不會動的。

「快點起床！」（催促）

「快點洗臉！」（催促）

「快點吃飯！」（催促）

「我拜託你快一點好嗎？」（求情）

「你再這樣下去會遲到啊！」（威脅）

如果遵守上學時間是孩子的功課，
那麼解決不安就是媽媽的功課。
結果孩子沒能戰勝媽媽的催促，
像被追趕似的打開大門出去了。

對上學準備總是動作很慢的孩子，
該怎麼說好呢？

可以這樣對孩子說：

「現在是八點十分，你還有二十分鐘準備。」（設定界限）

「二十分鐘內要準備好喔，我定了鬧鐘，你自己再注意一下。」
（告知界限）

「十分鐘內吃完就可以了，還有時間。」（確認界限）

「要媽媽叫你幾次才能起床？」
（詢問意見）

「爸爸只要一分鐘就可以換好衣服，很快吧？
不過我覺得你好像可以更快。」
（鼓勵）

動作比較緩慢的孩子，時常會讓人感到鬱悶，等待時要能不發脾氣是最困難的。但孩子的成長沒有固定的速度，只是按照各自節奏成長罷了。真正的問題不是「動作慢」，而是因為動作慢受到外界的「負面反饋」才是問題。

「為什麼動作這麼慢？」

（追究）

「給你一分鐘，還做不完媽媽就自己先走。」

（警告）

「沒看到其他人在等嗎？這樣會給別人造成困擾。」

（誘發罪惡感）

「要媽媽等到什麼時候？媽媽很累了。」

（抱怨）

「你在學校裡也是這樣嗎？」

（任意推測）

看到失去自信的孩子真的很心疼。

對動作慢的孩子該怎麼說呢？

「慢慢吃。在學校因爲還有其他同學所以要吃很快，
但是在家裡你慢慢吃沒關係。」
（理解）

「我們在十分鐘內結束吧。」（設定界限）
「還有五分鐘。」「現在剩下三分鐘了。」（告知界限）

「再加油一下。」（鼓勵）
「在時間內完成了。眞棒！」（正面的反饋）

每次孩子吃飯的時候，神經都跟著緊張起來。怕食物掉了，怕東剩一點、西剩一點，所以會不停的嘮叨。

「又沒有多少，不要剩下，全都吃掉。」
（禁止）

「不要又掉出來了。」
（警告）

「又掉了，怎麼這麼不小心。」
（指責）

「吃乾淨一點。」
（命令）

但是比起教導正確的飲食禮儀，
更重要的應該是與孩子度過愉快的用餐時間才對。
吃飯，不能成為孩子的壓力。

對吃飯時總是東掉西掉的孩子，
該怎麼說好呢？

可以這樣對孩子說：

「你想吃多少告訴我，
太多就少一點，太少就多給一點。」
（詢問意見）

「因為你以前都習慣剩下不吃完，這次不要剩下，
試試看統統吃完吧。」
（正面的理解）

「因吃完之後用濕紙巾自己擦一擦。」
（勸導）

媽媽的說話練習 DAY 14

父母與孩子的溝通不順暢時，孩子不聽父母的話時，我們
經常使用雙重束縛的訊息，同時說相反的話。

「你去住公園好了，媽媽要回家了。你自己留在這裡，掰
掰！」（有口無心的話）

（稍後）

「還不趕快回家？」（雙重束縛）

「不想吃就不要吃了，你餓肚子好了。以後媽媽不要做飯
了，就算你長不高我也不管了。」（有口無心的話）

（稍後）

「再吃五口就好。」（雙重束縛）

「算了，以後都不要去補習班了，功課也不要寫了，什麼都
不要做了。」（有口無心的話）

（稍後）

「只要專心很快就可以寫完，快點來解一題吧。」
（雙重束縛）

接受到互為矛盾的訊息的孩子，
只會更混亂、更不安。

孩子在公園玩不到想回家時，可以怎麼說呢？

「媽媽不是故意的，怎麼會讓你自己留在公園呢？
是因爲你要賴說不要回家，媽媽生氣才那樣說。
好了，現在我們一起回家吧。」

（傳達眞心）

「媽媽不是眞的以後都不做飯了，
是因爲你都不吃，媽媽很傷心。我希望你好好吃飯，
長高長壯，這才是我眞正想說的話。」

（傳達眞心）

「媽媽剛剛是因爲生氣才會那樣說，
不是故意的，並不是眞的不管你了，
只是希望你做事情不要拖拖拉拉，要好好做完。」

（傳達眞心）

媽媽的說話練習 DAY 15

孩子們在一起玩，難免會發生爭執。但是孩子雖然知道爭吵的方法，卻不知道解決的方法。這時候只能請爸爸媽媽出面了。

「你自己想，如果哥哥偷偷拿你的手機玩，
你有什麼感覺？」
（指示道歉）

「還不快道歉。」
（催促道歉）

「弟弟跟你對不起了，你也要快點跟弟弟說沒關係啊！」
（指示和好）

「弟弟已經道歉了，你也不要計較，趕快跟他和好吧。」
（逼迫和好）

在家長的指示下互相道歉和原諒對方，
但在心裡說不定反而更討厭對方。

對吵架卻不和好的孩子，
該怎麼說好呢？

可以這樣對孩子說：

「想不想跟哥哥和好？」（確認和好的意識）
「如果弟弟跟你道歉，你可以接受嗎？」（確認和好的意識）

「你沒有問過哥哥就自己拿他的手機，這樣不對喔。
如果你覺得抱歉，就跟哥哥說對不起。」
（勸誘道歉）

「哥哥一定很生氣吧，如果你不肯接受弟弟道歉，我也不會
強迫你們現在就和好，不過那樣的話，媽媽也會很難過喔。」
（說明立場）

「我想你還需要時間，
可能現在還不想接受弟弟的道歉吧。」
（等待）

我的兩個孩子相差四歲，大女兒長大到一定程度後弟弟才
出生。自從弟弟出生之後，我就不自覺常常這樣對老大說
話。

> 「就給他吧！妳是姐姐啊，弟弟還小。」
> （指示）

> 「爲什麼這麼自私？不能給弟弟一個嗎？」
> （責罵）

老大從五歲起我就把她當成大孩子，姐弟倆吵架，總是強
迫姐姐讓步，有時一生氣起來甚至會罵她是自私的姐姐，
現在想想眞是太過分了。回想起那時候，還是覺得很抱
歉。老大從學校回來後很想緊緊抱住她。

> 禮讓對孩子來說是很重要的品德教育，
> 到底該怎麼教導才好呢？

> 在必須有人讓步的情況下，
> 該怎麼跟孩子說呢？

可以這樣對孩子說：

「不是每次、每件事都必須讓步。如果是你迫切想要、
　絕對不能放棄的事情，不讓步也沒關係。」

（辨別）

「但是，如果你願意幫助別人，
覺得改變自己的想法也沒關係的話，那就讓步吧。」

（勸導）

「能對別人讓步很不簡單。」（認同）
「對你一定很不容易，謝謝你這麼善良讓給別人。」（激勵）

凡是父母都會教導孩子舉止要有禮貌。但是嚴格教導禮儀的好意圖，有時也可能因為透過指示和命令傳達給孩子，反而讓效果打折扣。

「快點打招呼啊。」
（指示）

「看到大人應該要先問候啊。」
（強迫）

「在大人前面要恭敬。」
（命令）

「沒學過打招呼要大聲，兩隻手要放好嗎？」
（指責）

「你若是這麼沒禮貌，會讓爸爸媽媽丟臉的。」
（強迫）

培養一個有禮貌的孩子是父母教導禮儀的期待，
但問題是教導的方法。

對看到大人畏畏縮縮不敢打招呼的孩子，
該怎麼說才好呢？

可以這樣對孩子說：

「一句『你好』會讓人聽了心情愉悅，
所以見面或分開的時候一定要打招呼。」

（說明問候的必要性）

「遇到長輩，打招呼時要行禮。雖然打招呼沒有規定先後順
序，不過如果你能先向長輩打招呼，對方一定會很高興。」

（說明問候的方法）

「覺得不好意思嗎？因為不太熟所以難免有點尷尬。」

（理解）

「如果可以大聲一點會很好喔。
不過小聲也沒關係，只要有打招呼就好。」

（鼓勵）

孩子放學回家，打開書包沒有看到聯絡簿，再找了一下裝室內鞋的袋子，竟然連室內鞋也忘了帶回來。一再囑咐他要好好收拾自己的物品，卻總是不斷丟三落四的。

「媽媽有沒有叫你要好好保管自己的東西？」（嘮叨）

「你自己說，這是第幾次了？」（指責）

「媽媽要這樣幫你收拾到什麼時候？」（抱怨）

「反正你都會弄丟，為什麼還要叫我買？」（當面斥責）

「你都幾年級了，怎麼還會連整個鉛筆盒都弄丟？」（誘發羞愧）

「只會要我買，自己都不知道要珍惜。」（隨意評判）

「這是最後一次了，如果你再弄丟，我也不再買給你了！」（恐嚇）

　　　　　每天都被叨念的孩子，
　　　　　臉上盡是滿滿的不情願。

　　　　對容易丟三落四的孩子，
　　　　　該怎麼說才好呢？

_____

_____

_____

_____

可以這樣對孩子說：

「放書包的位置在哪裡？」（確認）
「洗衣籃在等著你丟襪子進去喔。」（指引）

「東西已經弄丟了也沒辦法。」（理解）
「但是，你弄丟了之後，沒有努力去尋找，這是不對的。」（辨別）
「你可以回頭找找有沒有掉在路上，
也可以去學校失物招領處問問看。」（糾正）

「下車時要看看有沒有落下東西。」

（激勵）

天下父母心，無不希望孩子不要引起問題或受到傷害，正確的在社會站穩腳跟。所以如果發現孩子出現問題行為，會努力糾正。問題是，在此過程中，過於輕易說出指責、指示和禁止的話。

「不要對朋友造成傷害。」
（模糊的禁止）

「看到老師要有禮貌。」
（模糊的指示）

「在學校不要惹麻煩。」
（模糊的指示）

這些話是消極的、模糊的，孩子們很難聽懂。
這與糾正問題行為的意圖不同，
是被束縛在消極的框架中，只會降低自尊感。

對在學校惹麻煩的孩子，
該怎麼說才好呢？

「如果朋友說不願意，就不要勉強，
要是還繼續的話，那就不是開玩笑，而是欺負朋友。」
（明確指出不當行為）

　　　　　　　　　　　　　　　　　　　　　　　　　　　　　　　　
　　　　　　　　　　　　　　　　　　　　　　　　　　　　　　　　
　　　　　　　　　　　　　　　　　　　　　　　　　　　　　　　　
　　　　　　　　　　　　　　　　　　　　　　　　　　　　　　　　

「到學校看到老師要先問好。」（具體指引行動）
「即使有疑問，也要先等老師說完了再問，不要打斷別人說話。」
（具體指引行動）

　　　　　　　　　　　　　　　　　　　　　　　　　　　　　　　　
　　　　　　　　　　　　　　　　　　　　　　　　　　　　　　　　
　　　　　　　　　　　　　　　　　　　　　　　　　　　　　　　　
　　　　　　　　　　　　　　　　　　　　　　　　　　　　　　　　

「生氣的話就說出來，絕對不可以踢桌子或罵人來出氣。
以後不要再這樣了。」
（明確指出不當行為）

鞦韆是在公園遊樂場中最受歡迎的遊樂器材，總是在中間位置。很多孩子是為了盪鞦韆才到公園來玩，也因此在鞦韆這裡發生的紛爭最多。想玩的孩子與不想下來的孩子，在這中間媽媽常冒冷汗不知如何是好。

> 「快點下來，後面還有朋友在等啊。」
> （命令）

> 「不准玩了，現在就下來。」
> （命令）

看到為了開心玩耍來到公園卻大哭的孩子，
媽媽的心也很難受。
回到家要繼續哄著哭個不停的孩子，
更是一件難事。

對在公園遊樂場不肯禮讓的孩子，
該怎麼說才好呢？

可以這樣對孩子說：

「我知道你很想坐，可是現在還不行，要遵守順序。
別的小朋友先來，等他玩過下來了，你就可以上去玩了。」
　　　　　　　　　　　　　　　　　　（說明順序）

「後面還有小朋友想玩，
差不多可以下來囉，你想想看還想再坐幾次？」
　　　　　　　　　　　　　　　　（認同想法）

「一百次太多了。」（設定界限）
「那再盪二十次就下來。」（協調）
「還想玩的話就再去排隊，等一下就輪到你了。」（說明替代方案）

有的孩子只要一坐在書桌前就喊功課好難。但是聽在父母耳裡只是抱怨而已。以父母的標準來看,那一點功課根本不算什麼。認為孩子只是不想寫功課,找藉口偷懶罷了。

「才寫完一張就喊累,到底有什麼好累的?」（小看意義）

「這又沒什麼大不了的,抱怨什麼啊。」（駁斥）

「我看你是不會寫才耍賴說很難。」（扭曲）

「整天玩都不會累,一念書就累!」（挖苦）

「我有叫你煮飯、打掃、洗衣服嗎?你有什麼好累的?」（斥責）

「有多少孩子比你更辛苦,你不要人在福中不知福。」（向下比較）

當孩子吐露辛苦、困難的心情,
得到的卻是批評、責難、比較的話,
孩子只能關上心房。

對坐在書桌前喊著功課好難的孩子,
應該怎麼說才好呢?

_____

_____

_____

_____

「很累吧？現在只剩最後一章了，
要有始有終好好做到最後。累的話要不要先休息一下？」
（聽取意見）

「你覺得哪個部分最累？是太多？還是太難？」
（分辨原因）

「你覺得自己可以寫多少？
不管是一頁還是一題，試著說出你可以自己完成的量。」
（協商）

「是全部都沒辦法，還是可以試一下？說出來沒有關係。」
（明確化）

一張算術、一張作文、一張國字練習，孩子還沒開始寫就先抱怨。量其實不多，只要開始五分鐘內就能結束，但孩子卻連試也不試一下，就抱怨了十多分鐘，讓媽媽心煩。與孩子的情緒大戰往往就是從這種事開始。

「你是為了媽媽寫作業嗎？不喜歡就不要寫！」（誘發罪惡感）

「跟其他人比起來，你寫得最慢。」（負面比較）

「不要吵了，媽媽不想聽。」（禁止）

「一天只要寫一張就好，哪會多？」（負面判斷）

「不想寫就都不要寫，補習班不用去了，
作業不用寫了，隨便你吧。」（極端化）

以為這樣說孩子就會了解，
但沒想到孩子反而反抗得更厲害，
讓媽媽不知道該怎麼辦才好。

對老是抱怨作業太多的孩子，
該怎麼說才好呢？

可以這樣對孩子說：

「學習會讓你越來越聰明，不是為了讓你痛苦才學習的啊。」

（分辨）

_____

_____

「真的很累的話當然沒辦法，這麼辛苦的事怎麼能天天做呢？」

（共鳴）

_____

_____

「不過只要五分鐘就可以寫完了，試一下吧。」

（安慰）

_____

_____

「我相信你可以做到！」

（鼓勵）

_____

_____

「如果覺得很難就說，媽媽會幫你。」

（鼓勵）

_____

_____

放學回到家如果能馬上寫功課是最好的。但很多孩子別說寫功課，到第二天上學前都不會再打開書包。看到這種狀況，媽媽不可能不會嘮叨。

「回到家先寫功課。」
（指示作業＋指示順序）

在先寫功課的話語中包含了兩個指令，
作業與順序。
在一句話中給了孩子兩道指令，
讓還不想寫作業的孩子忍不住大大嘆了一口氣。

對不想馬上寫作業的孩子，
該怎麼說才好呢？

可以這樣對孩子說：

「作業是必須要做的，不是你想做的時候才做，
你不想做的時候就可以不用做。」
（分別）

「最好先把作業寫完，雖然這不太容易，
但經常這麼做就會習慣。」
（指示優先順序）

「吃完點心寫作業，不然就先寫作業再吃點心，
你想要怎麼做？」
（作業指示＋順序選擇）

「寫完作業就可以去公園玩，打勾勾。」
（指示替代方案）

送孩子去補習班通常有各種理由，有些家長是覺得如果不讓孩子去學點什麼會不安心；有的不想讓孩子只待在家裡玩；也有的是家裡沒人照顧，乾脆送去補習班，等下班再去接。但如果孩子不想去補習班，媽媽就很為難。

「就算不喜歡，也先去上六個月的課吧。」
（強求）

「一天到晚說不想去補習班，這是你的口頭禪嗎？」
（過度一般化）

「就算不喜歡也要去，爸爸也不是因為喜歡才去上班的。」
（理所當然的命令）

「補習費很貴，還要去接你，這樣還敢說不要去？」
（引發愧疚）

「無論如何都要堅持，那麼輕易就放棄的話，
以後會變成什麼樣子？」
（壓迫）

孩子只要一想到要去補習班就忍不住直搖頭。

對不想去補習班的孩子，
該怎麼說才好呢？

_____

_____

_____

可以這樣對孩子說：

「老師的説明很難聽懂嗎？
如果趕不上進度，就請老師幫忙吧。」
（積極的理解＋指示替代方案）

「是因爲作業很多嗎？
每天都要寫，所以可能會很吃力。我們來調整一下吧。」」
（積極的理解＋指示替代方案）

「是因爲同學嗎？是不是跟同學發生了不愉快的事情？
你可以跟媽媽説。」
「你不想去補習班肯定有理由，可是你一直不知道，
媽媽也很困擾。那麼媽媽先找補習班老師談談，
我們再討論要不要繼續的問題，今天還是先去上課吧。」
（協助分辨＋指示替代方案）

媽媽的說話練習 DAY 25

孩子與同儕之間的問題之所以讓人覺得難，是因為觸動了媽媽的感受。聽到孩子被朋友那樣對待，媽媽心裡也很受傷，所以很容易會說出情緒化的話語。

「怎麼有那種小孩？那你也不要跟她玩。」
（情緒化）

「你跟她說『我也不要跟妳玩！』『我要跟妳絕交』。」
（指示絕交）

「不要理她，以後不要跟她一起玩了。」
（指示無視）

但是如果家長先受到傷害，就無法安撫孩子的心了。
在處理孩子的交友問題上，
最重要的是父母要秉持理性和客觀的態度，
否則孩子看著媽媽的眼神裡會寫滿疑問。

對與朋友發生問題的孩子，
該怎麼說才好呢？

可以這樣對孩子說：

「因為她先提出過分的要求，你沒答應她並沒有錯。」
（掌握狀況，整理對錯）

「她突然說要跟你絕交，你也覺得很意外吧。」
（釐清孩子的立場）

「我想她不是真的要跟你絕交，
應該是因為得不到想要的東西，覺得很傷心才那樣說的。」
（說明對方的立場）

「不過用『絕交』也太過分了，你一定很難受吧。」
（共鳴）

有時候孩子會邀請朋友到家裡玩，但是看到朋友拿了自己的玩具玩，又會擔心玩具被搶走。看到這種狀況的媽媽，內心難免忐忑不安。

「他是來我們家的客人，要好好相處啊，怎麼可以搶東西呢？」

（責怪）

「你在幼稚園裡也是這樣嗎？」

（場所連接）

「換個立場想想，如果是你會開心嗎？如果對方常常說不好聽的話，你還會想跟他玩嗎？」

（誘發罪惡感）

「不可以想做什麼就做什麼，不可以那樣對待朋友。」

（禁止）

「好不容易邀請朋友到家裡玩，結果還吵架，
以後不用再找朋友來了！」

（警告）

朋友都回家後，孩子垂頭喪氣的獨自坐在房間裡。

對於不想把玩具借給朋友的孩子，
應該怎麼說才好呢？

_____

_____

_____

可以這樣對孩子說：

「那個確實是你的玩具。」（認同想法）
「因為是你最心愛的玩具，所以你不開心也是情有可原的。」
（認同情感）

「但即使你不喜歡，
也不能對朋友那麼大聲講話把玩具搶走啊。」
（控制行為）

「邀請朋友到家裡是要一起玩的，
如果搶走玩具，就不能一起玩了。」
（說明理由）

「如果你有特別喜歡捨不得拿出來的玩具，
在朋友來之前就先放在抽屜裡。」
（指出替代方案）

媽媽的說話練習 DAY 27

當孩子與朋友發生衝突時，心裡更難過的往往是父母。會帶著心疼問孩子到底對方是誰？做了什麼？

> 「什麼？誰說的？是誰說你笨手笨腳？
> 那孩子叫什麼名字？」
> （介入）

> 「那你怎麼回他？你有反駁他嗎？」
> （催促）

就算知道對方是誰，爸爸媽媽能做的也有限。或許可以打電話給對方的父母，或發簡訊要求道歉，但這麼做可能會被當成無禮，因為也不能保證自己孩子所說的話百分之百是事實。幼稚園到小學二年級的孩子，常常會只說出對自己有利的部分或扭曲事實。因為看到媽媽生氣的表情，孩子不知所措，甚至快哭出來了，不敢說出真實情況。

> 對被朋友欺負的孩子，
> 該怎麼說才好呢？

可以這樣對孩子說：

「你一定很傷心吧。」
（共鳴）

「朋友說你笨手笨腳，那你怎麼說？」
（確認孩子的對應）

孩子可以這麼說：

不要說我笨手笨腳。」（要求中止不恰當的話）
「我聽了覺得很不好。」（傳達感受）

「你也可能會沒接到球啊，但是我絕不會說你笨手笨腳。」
（說明對方的不當）

055

孩子是一邊交朋友，一邊培養社交能力和社會適應能力，在維持人際關係的過程中，學習犧牲和奉獻。隨著時間過去，友誼逐漸加深，成為孩子長大成年後也能信任和依靠的堅固基石。

> 「媽媽，我沒有朋友，我想轉學。」

有一天女兒放學回來這樣對我說，我頓時有種天塌下來的感覺。但是在詳細了解之後，女兒說「沒有朋友」這句話的意義，不是因為被排擠而產生的疏離感。而是在三五成群的女學生中，她感到模糊和沒有親密夥伴的孤獨。我默默拉起女兒的手，開始思考該怎麼說。

　　對沒有朋友感到孤獨的孩子，
　　　該怎麼說才好呢？

_____

_____

_____

_____

可以這樣對孩子說：

「有時候會在同一個班上找到跟自己合得來的朋友，有時候不會。不是因為妳不好或做錯了什麼，只是運氣而已。升上二年級、三年級，又會遇到新朋友，一切都會好起來的。」

（正面的解釋）

「下課時間如果不想出去玩，
要不要帶你喜歡的著色簿到學校呢？」

（提出替代方案）

「可以和朋友一起玩，也可以一個人玩。媽媽希望妳不管用什麼方式都能開心。如果妳自己一個人也可以玩得很開心，其他同學看到了說不定也會主動來找妳喔！」

（正面的解釋）

媽媽的說話練習　DAY 29

爸爸媽媽爲了孩子盡心盡力，但有時孩子什麼都不知道，
會吐露出一些讓父母聽了很傷心的話。

「爲什麼每次都是媽媽自己決定？」
「爲什麼都是爸爸想怎麼做就怎麼做？」
「媽媽都不管我，只想著自己。」
「不管我說什麼爸爸媽媽都只會說不行！哼！」

雖然腦中知道因爲是孩子，難免會那樣想，
但是心裡還是覺得很難過，忍不住爆發。

「你說那是什麼話？」
（尖銳的話）

被父母尖銳的話語刺痛的孩子，
不禁往後退了一步，拉開與父母的距離。

對於被父母的話刺傷的孩子，
該怎麼說才好呢？

「你想要什麼，媽媽都盡量滿足你，但是你卻說我什麼事都自己
　決定，好像我的辛苦和努力都不算什麼，我聽了很傷心。」
　　　　　　　　　　　（說明）

「媽媽盡量理解你的想法，但你也要體諒我啊。」（要求）
「你知道我很傷心吧？你自己說這樣我聽了會不會傷心？」（勸誘）

孩子可以這麼說：

「我那樣講媽媽一定很傷心。」（認同父母的心情）
「我做錯了。」（承認錯誤）

媽媽的說話練習 DAY 30

在學校工作，我經常看到在衝突情況下缺乏「角色取替能力」的孩子。「角色取替能力」是社會認知中一項基本而重要的技巧，指的是易地思之，簡單來說就是換位思考。

「老師，小天一直瞪我。」
「我哪有，只是剛好看到你而已，你怎麼說我瞪你？」

角色取替能力低的孩子，很難透過語氣、表情判斷情況，很多時候不理解別人話中包含的意義，在溝通過程中也容易產生很多不必要的誤會。父母若不了解，會認為是孩子的問題行為。

「你為什麼都聽不懂人家話裡的意思？」（指責）
「你到底是怎麼了？我完全無法理解。」（無視）
「老是搞不清楚狀況，最後只有你自己吃虧。」（攻擊）

因為父母不成熟的對應，
讓孩子的頭縮得更低了。

對還不會辨別狀況，角色取替能力較差的孩子，
該怎麼說才好呢？

可以這樣對孩子說：

「你看到了什麼，讓你覺得朋友在笑你呢？」
（檢查想法）

「笑和嘲笑有什麼不一樣呢？」（協助分辨）
「那個朋友對別人也這麼，還是只有對你這樣？」（區分）

「那個朋友或許是在嘲笑，但也可能不是。」（分辨）
「不過因為媽媽沒有親眼看到，
所以沒有辦法確定的告訴你。」（說明）

「但是，如果一直想著他在嘲笑你，
這樣你自己心情就會受到影響，所以還是換個角度想吧。」
（勸導）

每個父母都有過這樣的經歷，一怒之下對孩子口出惡言，然後轉身後悔。那可能是你永遠不會對任何人說的苛刻的話，卻不經意的在孩子面前脫口而出。因為是一家人，相信家人會理解，所以說話直接許多。

「看了就討厭，你出去！出去過你自己的吧！

爸媽的話不是真心的，孩子也知道。
但是孩子會覺得沒有得到尊重，
而且這個感覺怎樣都不會消失。
失言的爸爸媽媽，
以及被話刺傷的孩子都會意志消沉。

對於因為負面情緒的話語而受傷的孩子，
該怎麼說才好呢？

**可以這樣對孩子說：**

「媽媽說得過分了一點，對不起。」
（承認錯誤，道歉）

「爸爸突然那麼大聲嚇到你了吧？是爸爸不對，對不起。」
（承認過失，道歉）

「媽媽有沒有讓你覺得很傷心的時候？
如果有的話，不要放在心裡，一定要告訴我。」

孩子成長的速度快得嚇人，
他們能留在父母身邊的時間並不多，
現在就請對孩子說「我愛你」。
向孩子傳達眞心最好的時機就是「現在」。
希望讀者能用尊重的語言，
充實與孩子在一起珍貴的每一瞬間。

父母珍愛孩子、擔心孩子的心情，並非都能以「愛」來表示。相反的，很多時候反而會用語言傷害孩子。我們都不擅長用恰當的話來表達自己的心意，因此父母也需要不斷的反省和改進。

—— 《媽媽的說話練習》

◆ **很喜歡這本書，很想要分享**

圓神書活網線上提供團購優惠，
或洽讀者服務部 02-2579-6600。

◆ **美好生活的提案家，期待為您服務**

圓神書活網 www.Booklife.com.tw
非會員歡迎體驗優惠，會員獨享累計福利！

國家圖書館出版品預行編目資料

媽媽的說話練習：百萬按讚肯定！說對一句話，祝福孩子一生/尹智映
著；馮燕珠譯. -- 初版. -- 臺北市：圓神出版社有限公司,2023.05
　　224 面；14.8×20.8公分 -- (天際系列；9)
　　譯自：엄마의 말 연습：화내지 않고 사랑하는 마음을 오롯이 전하
는 39가지 존중어 수업
　　ISBN 978-986-133-871-2（平裝）
　　1.CST：親職教育　2.CST：親子溝通　3.CST：說話藝術
528.2　　　　　　　　　　　　　　　　　　　　　　112003550

www.booklife.com.tw　　　　　　　reader@mail.eurasian.com.tw

天際系列 009

媽媽的說話練習

百萬按讚肯定！說對一句話，祝福孩子一生（附贈親子減壓溝通練習手冊）

作　　　者／尹智映
譯　　　者／馮燕珠
發 行 人／簡志忠
出 版 者／圓神出版社有限公司
地　　　址／臺北市南京東路四段50號6樓之1
電　　　話／（02）2579-6600・2579-8800・2570-3939
傳　　　真／（02）2579-0338・2577-3220・2570-3636
副 社 長／陳秋月
主　　　編／賴真真
責任編輯／吳靜怡
校　　　對／吳靜怡・歐玟秀
美術編輯／金益健
行銷企畫／陳禹伶・鄭曉薇
印務統籌／劉鳳剛・高榮祥
監　　　印／高榮祥
排　　　版／莊寶鈴
經 銷 商／叩應股份有限公司
郵撥帳號／18707239
法律顧問／圓神出版事業機構法律顧問　蕭雄淋律師
印　　　刷／祥峰印刷廠
2023年5月　初版
2024年9月　22刷

엄마의 말 연습 : 화내지 않고 사랑하는 마음을 오롯이 전하는 39가지 존중어 수업

定價 370 元　　　　　ISBN 978-986-133-871-2　　　　版權所有・翻印必究

◎本書如有缺頁、破損、裝訂錯誤，請寄回本公司調換　　　Printed in Taiwan